AUGUSTE BARBIER

DE L'ACADÉMIE FRANÇAISE

Poésies Posthumes

revues et mises en ordre

PAR MM. A. LACAUSSADE ET E. GRENIER

Exécuteurs testamentaires littéraires

PARIS

ALPHONSE LEMERRE ÉDITEUR

27-31, PASSAGE CHOISEUL, 27-31

M DCCC LXXXIV

AUGUSTE BARBIER

Poésies Posthumes

DU MÊME AUTEUR

PROSE

Histoires de voyages.	1 vol.
Contes du soir	1 vol.
Trois passions.	1 vol.
Souvenirs personnels et Silhouettes contemporaines.	1 vol.
Tablettes d'Umbrano et Promenades au Louvre	1 vol.

POÉSIE

Iambes et Poèmes.	1 vol.
Satires et Chants.	1 vol.
Silves et Rimes légères.	1 vol.
Études dramatiques.	1 vol.
Chez les Poètes.	1 vol.

AUGUSTE BARBIER

DE L'ACADÉMIE FRANÇAISE

Poésies Posthumes

revues et mises en ordre

PAR MM. A. LACAUSSADE ET E. GRENIER

Exécuteurs testamentaires littéraires

PARIS

ALPHONSE LEMERRE ÉDITEUR

27-31, PASSAGE CHOISEUL, 27-31

M DCCC LXXXIV

HYMNE A LA SINCÉRITÉ

HYMNE A LA SINCÉRITÉ

Pur est le vaste ciel au-dessus des nuages ;
    Limpide comme le cristal
Est le flot azuré qui sort des monts sauvages
    Et baigne le rocher natal ;
Blanche est la neige au front de l'Alpe qui décore
    Le pays du Suisse indompté,
Mais plus pure, plus blanche et plus limpide encore
    Est ton âme, ô Sincérité !

Sur un corps de vingt ans que j'aime ta figure,
    Ton regard ouvert et serein,
Ton abord naturel et ta démarche sûre,
    Ferme et toujours au droit chemin !

Ah! que j'aime surtout ta vibrante parole
    Au timbre net, clair et puissant,
Vous envoyant au cœur, comme le trait qui vole,
    Ce que le cœur pense et ressent.

Mais où te rencontrer aujourd'hui ? Quelle ville,
    Quel champ paisible et reculé,
Et quel mont solitaire offrent un saint asile
    A ton beau corps immaculé ?
Aujourd'hui c'est le jour des routes tortueuses,
    Des chemins couverts et minés,
Des discours ambigus, des promesses menteuses
    Et des baisers empoisonnés.

Le mensonge est partout ; il est dans l'officine
    Où se fait le vin et le pain,
A l'atelier, au pied de la Muse divine,
    Et sous les doigts de l'écrivain.
Il est dans le salon aux lèvres que l'on aime,
    Au Palais dans le verbe faux
Des témoins complaisants, et dans l'église même
    Avec les trucs des faux dévots.

Partout, partout ! Quels temps plus féconds en parjures !
    Les partis, depuis soixante ans,
Ont tous pris, tour à tour, de cyniques allures,
    Joué des rôles révoltants.

Tantôt ce sont les bleus s'en allant dans les bouges
  Tendre la main aux doigts calleux,
Puis les rouges en bleu teignant leurs bonnets rouges,
  Et les blancs se grimant en bleus.

Le loup est toujours loup, l'agneau faible et timide
  Est toujours le timide agneau ;
Chacun reste le même, innocent ou perfide,
  Nul ne change d'air et de peau ;
Mais l'homme, point !... Lui seul n'a pas le vrai visage
  Que comporte son action,
Lui seul ne nous fait pas ouïr en son langage
  Le vrai cri de sa passion.

Oh ! qu'on me montre un être à la mâle prestance
  Sachant aimer et bien haïr,
Pensant tout ce qu'il dit, disant tout ce qu'il pense
  Sans baisser l'œil et sans gauchir !
Et j'irai sur le champ vers ce rare modèle
  De candeur virile et d'honneur,
Et si je le pouvais, je mettrais l'âme belle
  Dans le cœur même de mon cœur.

Mais Dieu ne nous fit pas les égaux de la neige,
  En pureté comme en éclats ;
A bien peu de mortels échoit le privilège
  De vivre sans tache ici-bas.

Ce que Dieu veut de nous, c'est qu'en essayant d'être
    Meilleur et de cœur plus aimant,
On ne déguise pas son âme pour paraître
    Autre qu'on est réellement.

Souvenons-nous toujours du héros de Solyme,
    De nos saints maîtres le plus doux ;
Jésus n'eut dans sa vie adorable et sublime
    Que deux moments de grand courroux :
L'un, contre les marchands aux lucres illicites,
    Qu'il chassa du sacré parvis,
Et l'autre, plus ardent, contre les hypocrites,
    Qu'il appela tombeaux blanchis.

LES MASQUES

CRAYONS SATIRIQUES A LA GOYA

1873

AU LECTEUR

---

*Que ton esprit, ami lecteur, ne se récrie
Au sujet de ces vers hardis, pleins d'âpreté,
Avec lesquels je peins, satirique en furie,
Les principaux meneurs de la société!
Ces fantoches sont vrais, plus vrais qu'on ne le pense,
Quoique affublés de noms pris dans les anciens temps.
Plus d'un m'est apparu dans ma longue existence,
Et par ses faits pervers ou son outrecuidance
Justifia les coups de mes rythmes cinglants.*

CADET MACHIAVEL

Si Satan a de quoi s'égayer sur la terre,
C'est sûrement à voir la face atrabilaire
De ce pasteur de peuple outrecuidant et fat
Qu'on décore en tout lieu du nom d'homme d'État.
Parti souvent de loin, du rang le plus infime
De la société, pour qu'au poste sublime
Où plane le haut vol de ses ambitions
Il ait atteint, combien d'ignobles actions,
De méfaits ténébreux il lui fallut commettre !
Et pour se maintenir dans la faveur du maître,
Au cœur du souverain, quel qu'il soit, peuple ou roi,
De combien de moyens mauvais il fit emploi !
Mentir, se démentir, tel est le cercle immonde
Où s'agite sa vie en trahisons féconde,
Heureux si pour mener ses plans à bonne fin
Il ne se couvre pas les doigts de sang humain !

*Hélas ! il est bien rare, en sa louche carrière,
Que ce pâle berger du troupeau populaire
Ne laisse pas aux champs des pauvres nations
La marque de ses pieds en rougeâtres sillons.
Mais qu'importe le sang ? avec indifférence
Il s'en lave les mains, et singeant la puissance
Divine, il nous dira que par un sort fatal
On ne peut ici-bas faire le bien sans mal.*

TURCARET

Celui-là, c'est le vol déguisé plus ou moins,
Sous l'honnête motif de pourvoir aux besoins
De la société... S'il vous ouvre sa bourse,
S'il remplit vos goussets vides et sans ressource,
Ce n'est qu'à quinze, vingt, même trente pour cent,
Qu'on obtient son crédit, son papier, son argent.
Bien malheureux l'État qui recourt à ses vues
Pour sauver son budget! tel que noires sangsues,
Le vampire acharné ne lâchera son flanc
Que le ventre gonflé du plus pur de son sang.
Autrefois l'on pendait les gens de cette espèce;
Aujourd'hui l'on fait mieux, on les choie et caresse,
On constelle leur sein de croix et de cordons,
On leur donne le pas sur les grands et les bons;
Ils sont les dieux du jour... Par un hasard propice
Les voit-on cependant au banc de la justice

S'asseoir! loin de pâlir, ils en tirent éclats,
Bravent gaillardement tous les porte-rabats,
Se posent en martyrs, se drapent en victimes
Et s'appellent, souillant dans leurs jargons infimes,
Pour les unir aux leurs, les plus augustes noms,
Les Saint-Vincent-de-Paul des spéculations.

LAUBARDEMONT

Il a la face blême et le regard hautain,
La voix creuse sonnant comme un cornet d'airain,
Quelque chose de raide et guindé dans l'allure...
Autrefois il allait voir donner la torture
Et, parlant lestement de cet acte hideux,
Disait : « Cela vous fait passer une heure ou deux. »
Aujourd'hui que partout la sévère justice
De ses instructions ne fait plus un supplice
Et met en son enquête un peu plus de douceur,
Lui ne désarme pas et garde sa rigueur.
Qu'est pour lui le jury ? l'œuvre de pestilence.
Il le voudrait bannir pour cause d'ignorance
Même du criminel, ne réservant qu'aux siens
Le droit de décider du sort des citoyens.
Malheur à qui nos temps d'orages politiques
Font ressentir les coups des foudres juridiques !

Il saura ce que vaut la main où l'on a mis
La balance et le fer de l'auguste Thémis,
Combien l'or du pouvoir pèse en cette balance,
Et comme très souvent l'impitoyable engeance
Des graves justiciers, sous leur rouge fourreau,
A l'âme du laquais joint le cœur du bourreau.

PAPA BENTHAM.

Le beau n'est rien pour lui qu'une folle chimère,
Un être sans raison et qui n'existe pas.
Cet astre peut briller sur la nature entière,
Myope, ses deux yeux n'en voient point les éclats.
Le bien même, s'il n'a pour but la jouissance
Prompte, matérielle et toute en l'existence
D'ici-bas, à son cœur parle un langage vain.
Il ne croit pas aux jours d'un avenir divin,
Aux jours réparateurs des maux de l'innocence
Et laisse aux idiots cet espoir surhumain.
Manger, boire, dormir et propager l'espèce,
Et cela de son mieux, est toute la sagesse;
Il n'en connaît point d'autre ; et l'esprit le meilleur
Est celui qui le plus travaille à ce bonheur.
Aussi tient-il en haute et grande révérence
L'homme du positif, l'homme de la science,

Assuré que son art est le seul vrai moyen
De combattre le mal et le réduire à rien.
A cette fière idée il a voué sa vie,
Et sa cervelle en est si follement remplie
Que, le pied dans la tombe, à son dernier moment,
Il voudra par ces mots clore son testament :
« Amis, lorsque mon corps sera froid comme pierre,
Je ne veux pas qu'il soit cloué dans une bière,
Et que le grand travail de sa déconfiture
Se fasse obscurément au sein de la nature,
Comme le veut l'Église et son dogme hébété ;
Je veux jusqu'en la mort servir l'humanité.
Il faut que le couteau me fende les entrailles,
Qu'une main d'homme y fouille et que sous ses entailles
Du haut jusques en bas on voie à nu mes os,
Mes viscères bleuis, mes nerfs et mes boyaux,
Que mon cœur palpitant soit ouvert, que ma veine
Exhale encore chaud le sang dont elle est pleine,
Enfin que tout mon corps, découpé par morceau,
Au grand jour étalé sur le cuir d'un bureau,
Repaisse les regards et que dans une école
Il soit pour vingt docteurs un sujet de parole. »

GABRION

Un rimeur l'a décrit d'une façon très nette :
Ce marbre sera-t-il Dieu, table, ou bien cuvette ?
Tel est l'homme et son art libre, capricieux.
Du temps de Phidias ce n'étaient que des dieux
Qu'il taillait, aujourd'hui la cuvette et la table
Sont l'objet principal de son travail aimable.
Il n'est plus qu'un charmeur de sensuels esprits,
Un amuseur public, jonglant au plus haut prix
Et pour le bruit d'un jour. — Payez par les misères,
Par l'exil, votre attache à la foi de vos pères,
Mourez pour la justice et pour la liberté,
Son cœur placide et gras n'en est point agité.
Imperturbablement occupé de la forme,
Il n'a d'autre souci que de la somme énorme
Que peuvent rapporter la brosse et le ciseau,
En rendant les contours féminins de la peau;

Et, tranquille, il dira dans son indifférence :
« Que me font les humains, leurs droits et leur souffrance !
Pour contempler à nu l'épaule de Phryné,
Voir son beau flanc jaillir d'un linge satiné
Et déployer au jour sa courbe magnifique,
Je ferais bon marché du plus mâle stoïque,
J'oublierais volontiers mon baptême chrétien
Et donnerais en bloc mes droits de citoyen ! »

PLEURS DE LANGÉLI

Langéli, Langéli, mon triste et pauvre ami,
Le monde est comme toi, fou, mais toi moins que lui !

Le monde rit, boit, godaille à pleins charmes,
Tandis que toi, tu fonds toujours en larmes;
C'est que tu sais que tout ce plaisir-là
Avec ses ris dans la mort tombera.

Le monde vole en dépit des gendarmes,
Et tu ne peux en retenir tes larmes;
Car tu connais la loi de Jéhovah :
Le bien d'autrui nul jamais ne prendra.

Le monde tue et cause mille alarmes,
Et tes deux yeux en redoublent de larmes,
Las ! sachant trop qu'en enfer Dieu mettra
Petit ou grand qui le sang versera.

Langéli, Langéli, mon triste et pauvre ami,
Le monde est comme toi, fou, mais toi moins que lui !

UN CRI DE PESSIMISTE

Mortels, que voulez-vous que le destin vous donne
    Pour vos maux ? il ne vous doit rien.
Chacun de son vivant s'indemnise et couronne ;
    Le prix du bien est dans le bien.
Ne comptez que sur vous ; au sein de la nature
    Ne cherchez point de tendre cœur ;
La nécessité veut que toute créature
    Donne et reçoive la douleur.
La terre est un autel à la marche sanglante
    Où le trépas, fatal bourreau,
Amène à tout moment une chose vivante
    Et l'égorge comme un taureau.
Le vautour au bec dur déchire la colombe,
    L'aigle déplume le vautour ;
Sous le fer des humains le vainqueur des airs tombe,
    Et sur le roc meurt à son tour.

L'homme, ce roi marqué d'un divin caractère
        Par l'esprit et les vœux altiers,
Ne peut point avancer d'un seul pas sur la terre
        Sans fouler un être à ses pieds.
Il faut que la souffrance à sa faim éternelle
        Trouve partout des aliments,
Que le père et la mère à la douce mamelle
        Soient sans retour des cœurs aimants,
Que le sang toujours paie un dévouement sublime,
        L'ingratitude, la pitié ;
Il faut que dans l'amour l'aimant ait sa victime,
        Il la faut même en amitié.

DUFATRAS

Parce qu'au bout des vers il fait jaser les rimes,
Comme oiseaux gazouillant au haut des vertes cimes,
Et qu'il sait maçonner, bâtir avec des mots
Des temples indiens aux blocs pyramidaux,
Il se croit de nature à gouverner le monde,
Et même à réformer, ô Dieu, ta loi profonde.
Son incommensurable orgueil le met si haut
Qu'il ne voit plus de là les choses comme il faut
Les voir; aussi fait-il souvent de lourdes chutes
Dont rit le bon public, amateur des culbutes.
Mais lui, point démonté, se remettant d'aplomb,
Rentre dans son Olympe, et, relevant le front,
Cherche un nouveau moyen de puissante réclame.
Les révolutions le lui donnent, et l'âme
Tout entière plongée aux fonds populaciers,
Il en admire tout, les mouvements grossiers,

Les fureurs, caressant le lion populaire
Jusqu'en ses poils souillés de sang par la colère.
Il voudrait de son dos se faire un haut pavois
D'où sans crainte ses vers flagelleraient les rois.
Mais son espoir est vain : le pouvoir politique
Ne couronnera point sa Muse fatidique;
Le peuple goûte peu le pathos des rêveurs :
Il lui faut pour amis de vigoureux acteurs,
Et Dufatras, perdu dans son apothéose,
En sera pour ses frais de rimes et de prose.

MAITRE PANCRACE

« Gare, gare, messieurs, gare, il faut que je passe! »
Et comme un noir corbeau le superbe Pancrace,
Les manches en ballon, toque au front, nez au vent,
Des flaneurs du Palais ouvre le flot mouvant.
On l'attend à la barre... Hélas! qu'y va-t-il faire?
Lâcher les réservoirs de sa judiciaire,
Et quatre heures durant noyer le tribunal
Sous les eaux sans couleur d'un plaidoyer banal.
Pour tant parler a-t-il la conviction pleine
Qu'il défend le bon droit? la chose est peu certaine.
Ce qu'il lui faut surtout, c'est ravir le client,
Et lui donner beaucoup de mots pour son argent.
Du fait dont il émut l'audience dernière,
Demain il soutiendra peut-être le contraire.
C'est ainsi qu'il est fait, un moulinet vivant,
Qui sans cesse bruit et qui tourne à tout vent.
Cependant il se dit l'homme d'un sacerdoce,
Et devant le public fièrement il se hausse
Et s'enorgueillit fort du beau devoir humain
De défendre gratis la veuve et l'orphelin.

La veuve et l'orphelin! oui, voilà le grand thème
Qui, sous un faux semblant de dévouement extrême,
Masque un immense amour de renom et de gain;
Ce n'est qu'une façon de faire son chemin,
Un moyen de réclame... Aussi comme il les laisse
Sitôt que le pays, dans un jour de détresse,
Se trouve en butte au vent des révolutions!
Car c'est là le vrai champ de ses ambitions.
Il s'y jette à plein corps; au jeu de la tribune,
Sans crainte et sans scrupule il tente la fortune,
Et se défait de tout principe pour avoir,
Si faible qu'elle soit, une part de pouvoir.
Quelquefois il l'obtient grande; alors sans limite
Son orgueil se dilate et follement s'agite.
Qu'importe que le sang ruisselle sur ses pas,
Que l'exil et la mort soient les noirs résultats
Des applications de ses fausses doctrines!
Qu'importe qu'il ne laisse après lui que ruines,
Désastres sans pareils, si dans sa froide ardeur
Il lègue à l'avenir le nom d'un grand parleur!
Ah! l'histoire sait trop depuis nombre d'années
Ce qu'ont fait du Palais les bouches erronées,
Combien le sot troupeau des populations,
Victime du sophisme et des ardélions,
A chèrement payé son goût pour la harangue,
Et quel fléau maudit que celui de la langue.

LE SEIGNEUR SACRIPANT

« Le soldat est sans Dieu, sans foi, race vénale;
Pour lui le droit existe où le plus d'or s'étale. »

Voilà ce que Lucain disait sinistrement
Au temps des vils Césars ; et, depuis ce moment,
Le soldat n'a changé ni de penser ni d'être.
Qu'il soit romain ou franc, ou grenadier ou reître,
Sur les pas d'un Montfort qu'au siège de Béziers
Il fasse de chrétiens massacre par milliers,
Ou que, pour rehausser la gloire aventurière
D'un Louis, sa main brûle une contrée entière,
Ou que, la Liberté lui prêtant son grand nom
Et servant de prétexte à son ambition,
Il mitraille à travers les places et les rues
Des pauvres citoyens les bandes éperdues,
Il est toujours le même... Impassible tueur,

Pour le pape ou le roi, le peuple ou l'empereur,
Il frappe sans pitié, car la mort le fait vivre,
La mort superbement le repaît et l'enivre.
Ne faut-il pas qu'il ait en tous temps, en tous lieux,
Bon gîte, bon souper, et dans un lit moelleux
Les robustes appas d'une jeune drôlesse?
Or, pour perpétuer cette aimable liesse,
L'argent est nécessaire, et qui sait bien payer
Est sûr d'avoir à soi l'homme au sanglant métier.
Puis, de telles façons loin de lui faire un crime,
Le peuple bête et fou, trop souvent sa victime,
Est toujours le premier, s'il le trouve en chemin,
A lui baiser la botte et lui lécher la main.

DIAFOIRUS

O Molière, jadis comme tu t'en donnais
Quand du pauvre docteur tu retraçais les traits,
Son verbe prépotent, son ignorance sûre,
Et sous ses longs cheveux sa grotesque tournure !
Quel bon thème aux éclats de ton rire puissant !
Le nôtre est aussi nul et bien moins amusant.
C'est un ambitieux d'honneur et de richesse,
Un cuistre qui veut vivre en Crésus, en Altesse,
Posséder des maisons, des terres, des châteaux,
Faire collection de splendides tableaux,
Et même dans l'État jouer un personnage.
Et pour se conquérir un si bel avantage,
Que fait-il ? montre-t-il un immense savoir,
Un labeur acharné du matin jusqu'au soir,
De la structure humaine une ample connaissance,
Et sur tout cet acquis la vive clairvoyance

*D'un esprit juste ? Non... Il trouve seulement
Dans son docte cerveau quelque bon liniment,
Une poudre, un sirop, dont, grâce à la réclame,
Par l'univers entier l'efficace il proclame,
Et qui, bien accueilli des populations,
Lui rapporte bon an mal an des millions.
Cela suffit : avec cet orviétan, son rêve
A tout ce qu'il convoite et désire, l'élève.
Quant à l'humanité, c'est son moindre souci.
Sur ce point sa pensée est d'ailleurs celle-ci :
L'art de la médecine est vain, et toute cure,
Quand il s'en fait, est due à la seule nature.
Or, dans notre impouvoir contre le mal maudit,
Le mieux est d'en bien vivre et d'en tirer profit;
Ce qui, lorsque la mort empoignera le sire,
N'empêchera jamais le bon public de lire
Dans vingt journaux menteurs que cette habileté
De l'art et des humains avait bien mérité.
Charlatans, charlatans !... Telle est toujours l'histoire
De cet état-major de la camarde noire,
Dont Molière a touché si justement le fond.
Cependant le héros de ce drame bouffon,
Son vieux Diafoirus, valait mieux que le nôtre :
Il n'était pas athée et tuait moins que l'autre.*

GORGIAS

On te connaît, beau masque ! autrefois dans Athènes
Un sage découvrit de ses mains souveraines
Ton visage pervers... Mais, las ! en te frappant,
Il n'a point extirpé ta race de serpent.
Non, non, grâce au progrès du monde, à l'industrie
Du germain Guttemberg, avec effronterie
Plus que jamais, sans peur des honnêtes courroux,
Le sophiste menteur pullule parmi nous.
Voyez, comme exercé dans l'escrime du verbe
Au champ clos de la presse il pose un pied superbe,
Tout prêt à soutenir et le contre et le pour,
Et prouver, s'il le faut, qu'il fait nuit en plein jour !
Des révolutions c'est le moteur suprême ;
Et tout ambitieux qui veut mettre un système
A bas ne manque point de gager en secret
Sa plume ; car il sait ce qu'un mot a d'effet

Sur la foule des sots composant un empire.
O Bilboquets de l'art de penser et d'écrire,
Le malheur veut, hélas! que souvent, trop souvent,
Le ciel vous ait doué d'esprit et de talent ;
Alors au triste aspect des ruines profondes
Faites en tous les temps par vos blagues fécondes,
On gémit et l'on dit : « Quels effroyables maux
Peut sur terre enfanter la puissance du faux ! »

PICHROCOLA

Voici ce qui se passe et se fait d'ordinaire
Pour la création d'un Roi sur notre terre ;
Un troupeau de renards à jeun depuis longtemps
Et sentant le besoin de fourrer sous ses dents
D'appétissants morceaux, de grasses victuailles,
Se concerte et, battant montagnes et broussailles,
Cherche un bel animal de l'espèce lion,
Haut de taille et d'aspect guerrier. Fût-il poltron,
On le prend pour le fait seul de sa grande race.
Puis l'on convoque à cor et cris la populace
Des timides moutons en conseil général.
Là, le troupeau rusé montre son animal
Et soutient qu'il a mis la main sur la merveille
Des braves, et trouvé la force sans pareille
Qui doit à tout jamais des loups et de leurs crocs
Garder en paix la gent porte-laine. — A ces mots

Exprimés d'un ton fier, sentimental et tendre,
Le peuple moutonnier toujours se laisse prendre,
Se précipite au piège et, du sauveur aimé
Humble esclave, retombe au joug accoutumé.
Alors le tour est fait, et la bande et le sire
Rongent à belles dents et jusqu'à l'os l'empire.
Ah! le temps peut marcher, accumuler les ans,
Tant que la terre aura des sots pour habitants,
Les chefs des nations, quel que soit le prestige
Dont on puisse parer leur croissance et leur tige,
Seront toujours, par l'homme ou par Dieu fabriqués,
Des croquants acclamés par d'éternels croqués.

LE DERNIER AGE

Par un temps froid d'automne, une nuit, en songeant,
Je vis, non le tableau que décrivit saint Jean
Dans l'étrange récit de son œuvre étonnante,
Cette Jérusalem du Christ sainte et brillante,
Mais l'humaine cité telle que l'art fourbu
Des peuples énervés et d'esprit corrompu
L'avait su faire... Hélas! sous un souffle putride
La nature avait pris une teinte livide.
De l'est à l'occident et du nord au midi,
Le globe dévasté s'était tout enlaidi.
La rougeâtre liqueur qui sillonne nos veines
Ne se répandait plus dans les villes humaines;
Le meurtre au cri terrible, à la poigne d'airain,
Avait mis au fourreau son acier assassin;
Plus de crânes ouverts sous de larges entailles,
Plus de membres fauchés par les dures mitrailles,
Plus d'états transformés en effrayant charnier,
De Corse mangeur d'homme et de César grossier,
Taillant comme bouchers dans l'humaine viande
Et nageant dans le sang comme aux flots la limande,

Plus de rouge, il est vrai — mais en place du noir ;
Un jour terne et blafard comme le ciel du soir,
L'air mollasse, étouffant d'une mine de houille,
Et sur le sol immense où l'humanité grouille
Une fange visqueuse à ne pouvoir tenir,
Une gadoue infecte à tout empuantir :
Tel était le dernier aspect de notre monde.
C'était l'âge de boue, et dans sa course immonde
La Jouissance ignoble avec ses plats démons
Y menait salement le chœur des nations.
La boue... Elle filtrait au fond de toute chose,
De tout acte elle était ou le but ou la cause,
Elle tachait le front des princes et des Rois
Et de leurs serviteurs empoisonnait les doigts.
Dès l'âge le plus tendre au foyer des familles
Elle souillait le cœur naïf des jeunes filles,
Formait la couche molle où dormaient les amants,
L'autel où les époux échangeaient leurs serments.
Les Muses bassement la caressaient de l'aile,
La Science y trempait sa pensée immortelle.
Enfin, petits ou grands, jeunes, vieux, à pleins corps,
Tout le monde y plongeait, s'y vautrait sans remords.
Quant à vous, ô vertus, race pure et divine,
Vous aviez dès longtemps quitté cette sentine !

LE LIVRE DES SILLES

Chez les Grecs les Silles étaient écrits en vers hexamètres et en vers iambiques, mais plus souvent en vers iambiques. Leur marche était régulière. L'insulte à la personne en était bannie ; on y attaquait moins les hommes que la société. Timon de Phlionte passe pour être l'auteur de ce genre de satire.

AUX BÉNISSEURS

C'est de nos jours le grand genre et la mode,
En prose, en vers, en roman comme en ode,
De tout absoudre et de tout pardonner,
D'avoir le cœur vaste comme le monde
Et d'embrasser dans une amour profonde
Ange à bénir et coquin à damner.

Ce parti là, mon âme le réprouve;
Il me paraît suspect et je lui trouve
L'air de cacher quelques malheureux faits.
J'aime mieux dire, amis : « Vive la haine ! »
Et franchement ayons-en l'âme pleine
Envers toute œuvre et tout acte mauvais.

Oui, sans pitié poursuivons l'infamie,
Et fouettons-la d'une voix ennemie,

Morte ou vivante, en brocart, en haillon.
De la pitié pour le vice ou les crimes,
C'est égaler les bourreaux aux victimes,
C'est outrager l'innocent et le bon.

Ne laissons pas non plus près du Permesse
Le laid vainqueur trôner avec ivresse
Et recevoir les honneurs dus au beau.
Vengeons le vrai d'une sanglante injure
Et replongeons toute lueur impure,
Tout faux rayon, dans la nuit du tombeau.

Sus donc au mal! car toujours près d'Achille
Thersite vit, et, toujours noir reptile,
Du grand Socrate Anytus suit les pas;
Jésus lui-même, en revenant sur terre,
Sous l'ombre encor d'un jardin solitaire
Retrouverait les baisers de Judas.

APOLOGUE

J'errais un jour au bord d'une grande rivière :
Des baigneurs s'y jouaient et, fendant l'onde claire,
Cherchaient à traverser son cours directement;
Mais leurs ardents efforts ne duraient qu'un moment.
Trop tôt découragés par l'abondante masse,
Ils reculaient sans cesse et, désertant la place,
Ils allaient aborder au rivage opposé,
Hélas! bien loin du but qu'ils s'étaient proposé...
Ce voyant, je disais : « A l'époque où nous sommes,
Combien de gouvernants ressemblent à ces hommes!
Combien d'hommes d'état, que l'on répute grands,
N'ont point su résister aux terribles courants
Des révolutions! Lâches devant le nombre,
Ils ont cru que pour mieux diriger le flot sombre
Il fallait s'y laisser aller; et dans ses plis
Ils ont souvent perdu leur gloire et leur pays. »

On demandait jadis à Socrate pourquoi
Il ne se mêlait point de la chose publique,
Et le sage disait : « C'est que la politique
Ne m'a jamais semblé métier de bon aloi.
Pour cet art ambigu mon âme n'est pas faite,
Il est trop malaisé d'y demeurer honnête. »

Quel malheur aujourd'hui pour un cœur véridique,
Un esprit simple et de bon sens,
Que s'engager au jeu de l'âpre politique
Avec des rêves innocents !
Hélas ! sur le pavé de la place publique,
Il n'existe depuis longtemps
Que deux sortes d'acteurs se donnant la réplique :
Des intrigants et des brigands.

Passez quelque douze ans à faire une œuvre d'art,
Taillez-la dans le grand, sans mollesse, sans fard,
Privez-vous de sommeil, usez votre cervelle
A parer cet enfant d'une grâce immortelle ;
Et lorsque, satisfait de votre long effort
Et croyant le moment venu de son essor,
Sous les yeux du public vous mettrez votre ouvrage,
Vous verrez aussitôt vingt griffonneurs de page,
Sans même discuter, pour lui pleins de mépris,
Le noyer sous un flot d'effroyables lazzis.
O respect de l'artiste et de sa noble transe,
N'êtes-vous plus un fruit de la terre de France ?

Poètes, nous n'avons hallebardes ni chaînes,
Ni bourreaux justiciers, ni geôles souterraines,
Mais Dieu nous a dotés d'un magique pouvoir ;
Et quand, le cœur gonflé de légitimes haines,
Il nous faut châtier un méchant au cœur noir,
Comme le Florentin aux puissantes haleines,
Nous enfermons le nom du fourbe et du cruel
    Dans un vers immortel!

Qui voudrait de la gloire aujourd'hui qu'elle roule
Comme un sale vieux sou dans les mains de la foule !
Qui voudrait de l'éclat de la célébrité
Quand il tombe aux bas fonds de la société !
Tout est mis en renom, œuvre bonne ou malsaine ;
Mais ce qui vit le plus dans la mémoire humaine
C'est le mal ; car son bruit incessant, scandaleux,
Couvre celui du bien toujours faible et honteux.

O rose de l'amour ! quand donc, en liberté,
Te verra-t-on fleurir au cœur de la beauté ?
Pour une femme il n'est qu'un moment dans la vie
Où l'âme avec le corps soit en même harmonie,
Où le cœur soit candide autant que le front pur,
Et l'œil comme le ciel tout de flamme et d'azur,
Où la bouche soit douce et fraîche et parfumée,
Où l'âme sans calcul ne veuille qu'être aimée :
Et c'est en cet instant, si pur et si divin,
Qu'on la flétrit avec la contrainte d'airain :
On ne lui laisse pas user de la richesse
Que la tendre nature octroie avec largesse
A ses ans fugitifs ; on ne lui permet pas
D'épancher librement ce flot d'amour, hélas !
Qui ne brûle qu'une heure. Ah ! c'est mal, c'est impie,
C'est ouvrir tôt ou tard la porte à l'infamie !...

Caton voyait un jour sortir de lieux infâmes
Un jeune homme, le front tout empourpré de flammes,
Le regard bas, furtif, honteux comme un voleur.
Loin de le flageller d'un mot réprobateur,
Il dit : « Jeune homme, bien! ton action est sage,
Car tu portes respect à l'honneur du ménage... »
Le mot est curieux et dans un sens convient
Aux lèvres sans pudeur d'un rustique païen ;
Mais l'homme de nos jours que la bouche divine
De Jésus a nourri d'une juste doctrine,
Ne saurait l'approuver. Il dira : « Tu fais mal,
Libertin, de venir comme un vil animal
Te vautrer sur le corps d'un être à qui sur terre
Le créateur donna mission d'être mère,
De souiller sa faiblesse et flétrir sa beauté
Dans une abominable et sale volupté. »

SYCOPHANTIA

Je te connais, démon, ton nom est Calomnie,
    Ta demeure au fond d'un journal
Où ta bouche hideuse et de bile jaunie
    Élabore un venin fatal.
Là, l'Envie à l'œil faux, à la basse figure,
    Te désigne comme au bourreau
Tout ce qui dans le monde est de haute stature
    Et passe le commun niveau.
A bas le vertueux, l'éloquent, l'intrépide!
    Ce sont des astres orgueilleux
Qui font trop de chaleur et dont l'éclat splendide
    Nous blesse le cœur et les yeux.
Meurent le beau, le bien ! Et l'infernale goule
    Travaille au mal incessamment,
Et forme avec les bruits mensongers de la foule
    Son œuvre d'empoisonnement.

Ah ! c'est surtout aux champs de l'âpre politique,
    Dans la lutte des intérêts,
Les combats du pouvoir, que l'esprit satanique
    S'abaisse aux plus affreux excès.
Là, dès qu'avec talent une âme courageuse,
    Du Forum dominant les cris,
Se montre et fait entendre une voix généreuse
    A la démence des partis,
Il est rare vraiment qu'aussitôt derrière elle
    La foule ne voie accourir
Ce hideux rejeton de la haine mortelle
    Qui ne sait que mordre et flétrir.
D'abord c'est peu de chose, une mince vipère,
    Imperceptible et lâchement
Se dérobant aux feux de la pure lumière,
    Poussant un faible sifflement ;
Mais si, vite, le corps de l'animal immonde
    N'est point broyé sous le talon,
Engraissé des venins de sa bave féconde
    Il grandit d'énorme façon.
Il devient un boa prodigieux, terrible,
    Qu'un hercule de son bras fort
Aurait peine à combattre et, lutteur inflexible,
    A terrasser et mettre à mort.
C'est un serpent semblable à celui que Virgile,
    Jadis aux rives d'Ilion,
Nous peignit saisissant en son étreinte agile
    Le grand vieillard Laocoon.
Et ce monstre ne fait point seulement sa proie

Du grand et généreux humain,
Il enveloppe encor dans les plis qu'il déploie,
Les compagnons de son destin :
Il mord ses vieux amis, ses enfants et sa femme,
Tout ce qu'au monde il a de cher,
Et mille fois ainsi l'assassine en son âme
Avant d'éparpiller sa chair.

Comment vouloir en bas de la moralité
Quand le haut n'est qu'un champ de malhonnêteté,
Où l'on voit sans pudeur les plus illustres princes
A leurs faibles voisins filouter des provinces,
Violer leurs serments et des plus saints traités,
Faire de vains chiffons à tous les vents jetés !
Où même, au sein fiévreux des grandes républiques,
Plus d'un meneur de peuple, en des heures iniques,
Ne songe, au rang suprême où l'électeur l'a mis,
Qu'à placer richement ses enfants, ses amis,
Et ne tient au pouvoir comme lichen aux roches
Que pour lui-même emplir le plus qu'il peut ses poches
Quand le haut est si plein de malhonnêteté
Comment vouloir en bas de la moralité !

Est-ce amour du pays, ou besoin d'importance,
Besoin de vieux acteurs ne pouvant au silence
Se résoudre, qui fait que, le dos chargé d'ans,
Le palais édenté, les genoux fléchissants,
Et la voix presque éteinte et le vide en la tête,
Des hommes que nature a mis à la retraite,
Se reglissent encor dans le jeu des partis
Et cherchent du Forum le tumulte et les cris,
Au risque d'y ternir par une apostasie
La splendeur de leur nom et l'honneur de leur vie !

AU CHANTRE D'ÉLOA

Toi qui fis de l'honneur le culte de ta vie,
Le but de ta pensée et de tes actions,
O noble cœur éteint, ô belle voix ravie,
Comme tu souffrirais au temps où nous vivons !

Hélas ! que dirais-tu des maux de la patrie
Fatalement livrée au vent des factions,
Et ne pouvant sortir sa poitrine meurtrie
Du flot toujours sanglant des révolutions ?

Que dirais-tu devant les crimes de l'épée,
La victoire abusive, et la France écharpée
Se sentant arracher deux enfants de ses bras ?

Que dirais-tu surtout, poète capitaine,
Du drame de Sedan couronné par Bazaine ?
Ah ! du sommeil des morts ne te réveille pas !

A tous n'est pas donné le saint droit du mépris ;
Pour s'en faire un rempart il faut avoir son prix,
Posséder un cœur libre, une âme droite et pure,
Et montrer une vie exempte de souillure.
A ce compte l'on peut blâmer et mépriser ;
Mais hélas ! de nos jours où l'on sait tout oser,
Que voit-on ? Des poseurs de la plus triste espèce
Qui, lorsqu'ils ont roulé de bassesse en bassesse,
Se redressent la taille et, bravant tous les cris,
Prennent effrontément les grands airs du mépris.

Dans les temps affaissés comme ceux où nous sommes,
Pour conduire le peuple et maintenir les hommes
Au chemin de l'honneur fermement jusqu'au bout,
La parole n'est rien, l'exemple seul est tout.
On a trop abusé du grand art oratoire
Et de la plume aussi, tant, qu'on ne peut plus croire
Aux choses qu'on déclame, à celles qu'on écrit.
Sans l'acte il ne sort rien d'utile de l'esprit.
En effet, à quoi bon les leçons de la scène
Si, dans l'imbroglio d'une fable malsaine,
On laisse au fond du cœur de chaque citoyen
L'impression du mal plus que celle du bien ?
Que sert, dans un journal, vertueux Jérémie,
De crier, tempéter contre l'ignominie
Des fripons parvenus, des Mondors décorés,
Si l'on donne la main à tous ces gens tarés,
Et si l'on va grossir dans leurs salons infâmes
Le nombre des pantins qui font valser leurs femmes ?
A quoi bon de ses chants fatiguer les saints lieux
Et larmoyer sans cesse au nom des malheureux,

Si les gueux n'ont jamais part à votre fortune ?
Enfin, pourquoi, si fort, du haut de la tribune,
O pouvoir, attaquer tes pâles détenteurs,
Si l'on pactise avec ces affreux corrupteurs
En palpant leur argent et portant leurs insignes ?
Toutes ces façons-là ne sont-elles pas dignes
Du nom de comédie, et semblent-elles pas
Plus faites pour tromper que pour remettre au pas ?

LE COUP DE HACHE

Lorsque le bûcheron dans les bois fait son œuvre,
Parfois au pied d'un arbre il trouve une couleuvre ;
Il la partage en deux et voit sur le gazon
Se tordre et se mêler longtemps chaque tronçon.
Ces morceaux font, hélas ! d'égales tentatives
Pour se rejoindre, mais, usant leurs forces vives
En vains élans, bientôt cesse leur mouvement,
Et la mort les saisit malgré le sentiment
Qui poussait ces deux parts de sanglante matière
A rétablir leur être en sa longueur première.
L'humanité ressemble à ce pauvre serpent :
Comme lui, son grand corps va souvent se rompant.
Mais elle a des vertus que n'a point le reptile,
En reconstructions sa nature est fertile,
Et, quels que soient les coups frappés pour l'amoindrir,
La partie arrachée au tout peut revenir.

Car d'un ordre plus haut que l'animale engeance
L'humanité possède une double puissance :
L'esprit qui sait du sort calculer les retours,
Et l'amour qui vainc tout se souvenant toujours.
Ainsi, nobles tronçons de ma fière patrie,
Lorraine, Alsace, vous que le glaive en furie
Seul a pu détacher, ayez moins de douleur
De votre triste état : il vous reste du cœur,
Et dans le cœur assez de sang, de flamme pure,
Pour supporter le mal de l'atroce coupure.
Laissez marcher le temps ; sous le poing des plus forts
En frémissant laissez se courber vos deux corps ;
Le destin est changeant ; l'amour d'une conquête
Sournoisement conçue et barbarement faite,
De nécessité porte un vice radical
Qui l'use et lui prépare un dénouement fatal.
Les injustes contre eux verront tourner la chance :
Alors, si vous avez toujours chéri la France,
Vos corps seront bien vite en ses bras resserrés.
Gardez-nous votre amour, et vous nous reviendrez.

Publié en Novembre 1872.

Gœthe l'a dit jadis d'une façon hautaine
Mais bien juste : « *Avez-vous sous de verts arbrisseaux*
Trouvé pour votre Muse une claire fontaine !
Aussitôt vous voyez des pourceaux par centaine
Y venir salement plonger pieds et museaux
Et vous mettre en dégoût de cette onde sereine. »

On donne de l'illustre au moindre cabotin,
On appelle grand maître un vulgaire rapin,
Et l'on couvre les murs de l'image commune
D'un enragé braillard de club et de tribune.
L'éloge est sans pudeur, — c'est un faux louis d'or
Qui luit pour tout le monde et que, banal trésor,
A tout faiseur de bruit complaisamment on paie,
Non sans espoir souvent d'en avoir la monnaie...
Ah! comme on aimerait une mâle raison
Nommant un chat un chat et Rollet un fripon.

Dans la presse je suis entré comme un boulet :
La veille obscur, mon nom le lendemain brillait
Comme un ardent soleil qui perce la nuée ;
Sans brigue et sans soutien j'avais fait ma trouée.
On ne pardonna pas ce bruit et cet éclair,
Et plus d'un plumitif me l'a fait payer cher.

Cette fabrique à jet constant de bacheliers
Qui fait bon an mal an des lettrés par milliers,
Rend les relations du monde difficiles :
On s'y heurte sans cesse à des rimeurs fertiles
Qui, brochant nuit et jour de longs cahiers de vers,
Vous posent en martyrs de leur fâcheux travers.
« Monsieur, voulez-vous bien lire Mes rêveries,
Mon drame de César ou mes gauloiseries ?
J'aimerais à savoir si vous en faites cas. »
Voilà ce qu'on vous jette au nez à chaque pas,
Et dans ce traquenard d'invention nouvelle,
Vous êtes obligé de vous mettre en cervelle
Un amas de pensers plus ou moins bien rendus,
Et de dire aux auteurs de ces mots incongrus :
Que vous avez été charmé de leur grimoire
Et que certainement ils sont faits pour la gloire.
Si vous vous abstenez de répondre en ce sens,
Vous vous faites parfois des ennemis puissants,
Qui jusques aux derniers moments de votre vie
Vous poursuivent partout d'une haine infinie.

Aussi que d'écrivains, sans nul esprit mauvais,
Qui pour sauvegarder leur liberté, leur paix,
Prennent le bon parti simplement de répondre :
« Amis, vos œufs sont bons, continuez de pondre ! »

*Les partis ne sont pas vraiment très difficiles
Dans le recrutement journalier de leurs files;
Ils regardent encor plus au nombre qu'au choix,
Et pour les augmenter font flèche de tout bois.
Fût-on plus tatoué que ne l'est un sauvage,
Ayant gravée au corps de vingt partis l'image,
L'aigle, le coq, le lys, le bonnet phrygien,
Si l'on a du bagout et si l'on vote bien,
Le reste importe peu, ce n'est rien qu'un vain songe,
Un passé sur lequel on promène l'éponge,
Et pour lequel on dit, excusant l'apostat :
« Mais il était si jeune ! » ou : « L'on fut tant ingrat ! »
Puis, pour mieux le lier, le river dans son rôle,
On fait même souvent un grand homme du drôle;
Et la moralité de ces agissements
C'est qu'on peut, dans nos jours de bouleversements,*

Changer de drapeau comme on change de chemise,
Sans que le moins du monde à l'honneur cela nuise,
Les principes cédant le pas aux intérêts,
Et leur culte n'étant bon que pour les niais.

28 DÉCEMBRE 1875

Dans un jour de tempête et de foudre livide
La colonne et son Dieu furent jetés à bas.
Le fût se releva, le faîte resta vide,
Et l'on crut que le Dieu n'y remonterait pas.
Il fallait y planter l'image de la France !
La France ! Le pouvoir poltron ne l'osa pas ;
Et le Corse aux faux airs césariens, hélas !
Reprit sur le sommet sa pose d'arrogance.
N'importe ! à tour de bras, un long câble grinçant
Peut hisser de nouveau sur sa base hautaine
Le fuyard de Moscou, le bourreau de Vincenne,
Mon invective ira toujours le maudissant ;
Et ce cri furieux né d'une juste haine
Vibrera dans les cœurs tant qu'aux bords de la Seine
Le langage français sera retentissant !

PAIX AUX TOMBEAUX!

Paix aux tombeaux ! Laissez les vaincus de la vie
    Dans le calme asile des morts
Reposer doucement, et qu'un tumulte impie
    Ne vienne pas troubler leurs corps!
Paix aux tombeaux ! Mais las ! ce n'est guères le compte
    Des charlatans ambitieux,
A qui soif du pouvoir enlève toute honte
    Et tout souci de soins pieux.
Il faut manifester en tous lieux et sans cesse
    Parler pour son opinion,
Pour le peuple surtout, dont la main est maîtresse
    Des honneurs de l'élection.
Alors du trou des morts on fait une tribune,
    D'où l'on débite à grosse voix
Des clichés de journal et la blague commune
    Des plus fougueux gâcheurs de lois.
On y braille sans fin : « Vive la République!
    Vive la grande ère de feu ! »
On y parle de soi, du progrès politique,
    Très peu du mort, et point de Dieu!

Et, pour mieux écouter le pathos du bon frère,
  Un tas d'idiots zélateurs
Se bousculent autour du caveau funéraire,
  Tel qu'un troupeau de crocheteurs.
Et, comme une marée, à leur suite une foule
  Qui ne saurait entendre et voir,
Au mot d'ordre docile, arrive et de sa houle
  Inonde le sacré dormoir.
Alors, adieu le bien le plus cher des familles,
  Les monuments de l'amitié,
Les urnes et les croix, les marbres et les grilles!
  Tout est brisé, mis sous le pié!...
O sacrilège oubli des hautes convenances,
  Perte du sens religieux,
Mépris stupide et fou des humaines croyances
  De tous les temps, de tous les lieux!
O mort! peux-tu laisser faire de ton royaume,
  Un mauvais club de carrefour,
Et ne verra-t-on pas ton lugubre fantôme
  Sortir de terre quelque jour,
Pour frapper de mutisme et d'effroyable crainte
  Tous ces exploiteurs des tombeaux,
Et rendre aux pauvres morts leur solitude sainte
  Et la majesté du repos!

Dans les jours malheureux où l'Allemagne entière
Se rua sur la France en sauvage guerrière,
Bon nombre de Français de tout âge et tout rang
Firent pour son salut offrande de leur sang.
Soit au nord, sous Paris, ou le long de la Loire,
En s'immolant pour elle ils trouvèrent la gloire :
C'étaient des magistrats, des peintres, des sculpteurs,
Des savants, des rentiers, et même des acteurs,
Mais hélas ! et mon cœur tristement le regrette,
La Muse n'a pas vu tomber un seul poète.

LES VRAIS COUPABLES

Ces mouvements de rue, insensés, furibonds,
Qui font depuis cent ans nos révolutions
Et remplissent l'État de troubles effroyables,
Ne sont pas tant le fait des brutes innombrables
Que la misère enfièvre et qu'une immonde ardeur
Pousse à des attentats qui soulèvent l'horreur...
Leurs vrais auteurs, ce sont les gens d'intelligence
Qui, brûlés d'un désir effréné de puissance,
Ont, pour prendre à leur tour en main l'autorité,
Dérangé du pouvoir l'antique fixité
Et livré, sans souci de ses peines futures,
Pour bien longtemps la France aux folles aventures.

JEUX DU CIRQUE

La guerre met en feu deux barbares États.
Les Princes de l'Europe en suivent les combats :
Les uns secrètement soudoyant les armées ;
Les autres, sans souci des races assommées,
Se complaisant à voir chaque belligérant
S'user et s'épuiser dans le noir différend.
Pas un de ces chrétiens au meurtre ne s'oppose,
Espérant tous pêcher dans le sang quelque chose.

1877.

LES EAUX DU LÉTHÉ

Léthé ! fleuve d'enfer aux vagues souterraines,
Tu ne vas pas roulant qu'aux ténébreuses plaines,
Tu transperces la terre, et tes flots énervants
Montent plus qu'on ne croit abreuver les vivants.
Faibles êtres d'un jour, même d'une seconde,
Oh ! nous n'attendons pas que la grande inféconde,
La mort, nous ait fauchés comme joncs des marais,
Pour recueillir ton onde et la boire à longs traits.
Aussi bien que l'enfant et le front chargé d'âge,
L'homme mûr, en son temps de force et de courage,
Se penche avec ardeur au bord des froides eaux
Où le sombre Morphée a dissous ses pavots.

Chimères, dira-t-on, et vaines hyperboles
D'un esprit satirique aux mordantes paroles,

*Dégoûté de la vie et trop enclin à voir
Les choses à travers un verre teint en noir.
Non, ce cri ne vient pas d'un flux de bile amère !
D'un œil impartial parcourez notre sphère
De l'un à l'autre bout ; aux champs, dans les cités,
Que trouve-t-on ? l'oubli, l'oubli de tous côtés !
Comme un crible au travers duquel s'échappe l'onde,
Chaque âme de mortel, de tout ce qui l'inonde,
Sensation physique, idée ou sentiment,
Ne garde presque rien de son ébranlement.
Sans nommer la misère aux douloureuses transes,
Tâchant d'anéantir ses affreuses souffrances
Par l'abus de la grappe et des fortes liqueurs,
Dans l'oubli descendus que d'âmes et de cœurs !
L'amoureux jette au vent comme de la poussière
La foi qu'il a jurée à sa flamme première,
Disant avec surprise en en prenant congé :
« Est-ce que pour toujours je m'étais engagé ? »
L'ami perd jusqu'aux noms de ses amis d'enfance
Et leur tourne le dos s'ils sont mis en présence.
La femme, à peine a-t-elle enterré son mari
Que l'image du mort sort de son cœur contrit ;
Et son lit, des sueurs du défunt moite encore,
Reçoit le corps brûlant de l'amant qui l'adore.
L'obligé passe droit devant son bienfaiteur
Comme auprès du premier venu, le débiteur
Joyeusement festine et dans le broc qu'il tette
Boit le complet oubli du terme de sa dette.
Au public affairé plus d'un pauvre Amphion*

Sonne des airs qu'il croit de son invention;
Et ce qu'il lui rechante et ce qu'il lui répète
Est bien vite oublié pour une autre musette.
Le politique entasse à son tour des serments
Sur les autels chargés de ses vieux jurements.
Enfin, les nations ne se souviennent guère
Que des faits meurtriers de conquête et de guerre,
Laissant les jours de paix, les jours légers d'impôts,
S'effacer comme l'ombre au fond de leurs cerveaux.
Grand gain pour tous les vils fauteurs de tyrannies,
Qui peuvent se livrer sans frein à leurs folies,
Et sur les reins courbés des malheureux vivants
Recommencer le jeu de leurs drames sanglants!
O pauvreté de cœur, faiblesse de cervelle!
Qu'est-ce que notre engeance? et combien folle est-elle
A nous parler de gloire et d'immortalité
Devant le vol du Temps et les flots du Léthé?

Contemplez le désert : hors des sables à peine
Pointent quelques débris à la forme incertaine.
Ainsi l'humaine histoire : aux plans les plus lointains
Elle montre les noms de quelques souverains
Qui tinrent sous le joug les vieux peuples d'Asie;
Mais de leurs qualités, vertus, vices, génie,
Elle ne connaît rien. — De tant de royautés
Des noms à peine lus seulement sont restés.
De même, quand Saturne entassant les journées
Nous aura surchargés de quelque mille années,
Qui se ressouviendra des crimes d'un Néron;

Des faits d'un Robespierre et d'un Napoléon ?
Personne. Si, peut-être, un lettré dont la plume
Du sang versé par eux teindra quelque volume,
Car le mot est encor ce qui reste le plus
Des choses d'ici-bas... Mais bientôt par-dessus
Le Léthé reviendra rouler son flot sauvage,
Et le livre et l'auteur auront même naufrage.
Puis les éruptions des volcans souterrains,
Du globe fatigué bouleversant les reins,
Effaceront les pas des races disparues.
Les générations nouvellement venues,
Tâchant de reconstruire, à l'instar des fourmis,
Leurs cités et leurs lois, le feront sans soucis
De la traditon et des choses formées
Par la main et l'esprit des races abîmées.
Enfin, après des bonds innombrables, des tours
A mille millions sur l'auteur de nos jours,
Arrivera l'instant où, finissant son rêve,
La terre refroidie, épuisée et sans sève,
Se sentira craquer dans sa rotondité ;
Alors par mille trous jaillira le Léthé !
Le fleuve de son flot inondera la masse ;
Et le globe, semant de ses débris l'espace,
Emportera d'un coup dans l'éternelle nuit
Les hommes, leurs cités, leurs œuvres et leur bruit.
Rien, plus rien !... Cependant un être aura mémoire
De tout ce qu'on vit là de crimes et de gloire :
C'est celui qui renferme en son âme de feu
Le passé, le présent et l'avenir.... c'est Dieu !

Il le faut bien, car sans cette action finale,
L'œuvre du créateur serait chose infernale :
Trop de chance y luirait en faveur du mauvais ;
Trop de gain pour l'infâme empourpré de forfaits ;
Et trop de désespoir frapperait l'innocence
Traversant ce bas monde au vent de la souffrance.

Quand l'on croyait, aller aux messes funéraires
Était acte pieux, sévère, solennel;
On voulait tendrement implorer l'Éternel
Pour l'âme qui montait vers les célestes sphères.
Aujourd'hui, l'on a peu souci du trépassé
Et de ce qu'il devient quand la vie a cessé
D'animer ici-bas sa structure mortelle;
Bien autre chose, hélas! occupe la cervelle.
A l'église on se rend donc sans dévotion,
Par pure politesse, affaire de bon ton:
On y va, curieux des splendeurs du service,
Entendre les beaux airs chantés pendant l'office,
Et surtout, si le mort sort du moule banal,
Pour qu'on lise le soir vos noms dans un journal.

UN MOT DE PHILOSOPHE

« Il court sur toi, Denis, une étrange nouvelle :
On prétend que tu mets ta fillette au couvent,
Toi, le grand Diderot, le sublime incroyant !
Se peut-il qu'à ce point tu perdes la cervelle ?
Si le fait est réel, du motif instruis-moi. »
— « Le fait est positif et voici le pourquoi :
J'ai beaucoup réfléchi sur notre pauvre engeance ;
L'homme et la femme ont l'air d'être de même essence,
Pourtant ils ne sont pas faits du même limon.
Si l'homme n'obéit qu'à son intelligence,
La femme suit toujours l'imagination,
La folle du logis. Or, pour se bien conduire,
Il faut à ses regards innocents faire luire
Un idéal sensible, un modèle vivant
Que ne peut lui donner notre monde savant.
L'Église le possède, et seule, en ses retraites,
Sait guider et garder les jeunes cœurs honnêtes.
J'aime ma fille et, lui rêvant un beau destin,
Je ne veux pas, mon cher, en faire une catin. »

Un jour de printemps j'entre à la salle Drouot,
Salle chère aux amis fervents du bibelot.
Sur la table de vente étaient mis à l'enchère
Deux tableaux de valeur, de qualité première.
L'un était un travail de Monsieur Meissonier,
Montrant en un recoin d'échoppe ou d'atelier
Un bonhomme fumant auprès d'une fenêtre;
L'autre un David superbe, un chef-d'œuvre du maître,
Représentant Socrate à son dernier moment:
Le sage sur son lit redressé noblement,
Le front calme et le bras élevé vers la nue,
Donnait, avant de mettre en son corps la ciguë,
A ses amis pleurant son sort immérité,
Le consolant espoir de l'immortalité.
C'était grand, c'était beau... Mais la foule acheteuse
Pour ce rare morceau ne fut pas généreuse;
A trente mille francs le Meissonier fut pris,
Et le David n'alla qu'à moitié de ce prix.
Et de là je sortis, triste, l'âme en souffrance,
Disant : « Où vont l'esprit et le goût de la France? »

Aujourd'hui que l'on voit brûler toutes les têtes
Des fièvres du renom, prosateurs et poètes
Se sont fait du journal un merveilleux tambour
Pour y faire sonner leur gloire chaque jour.
Les plus fameux n'ont point dédain de ces manières :
Du triste état de pion tirant de pauvres hères,
Ils leur mettent en main baguettes et caisson,
Et des plus beaux flaflas leur donnent la leçon.
Les pitres y vont bien ; pourtant leur zèle extrême
Ne sait pas contenter toujours l'orgueil suprême
Des dieux... Alors ces dieux, si l'osait leur pudeur,
Jusque sur les tréteaux abaissant leur grandeur,
Souvent prendraient la caisse et d'un poing d'Allobroge
Eux-même effrontément se battraient un éloge.

SUR CERTAINES APOTHÉOSES

Quand un César mourait aux jours pourris de Rome,
Le Sénat, vil flatteur, faisait un Dieu de l'homme ;
Aujourd'hui que le peuple est roi, ses courtisans
Font bien souvent des dieux de ses pires enfants.
Le mal, comme jadis, a son apothéose ;
Et, dans un autre sens, c'est toujours même chose.

En place de ces mots qui, dans chaque cité,
Couvrent les monuments de nos places publiques,
Mots réputés divins et toujours fatidiques,
Tels qu'amour fraternel et sainte égalité,
Mots démentis souvent en bien des jours critiques,
Ne vaudrait-il pas mieux qu'on mît ceux que Franklin
Voulait graver au fond de toutes les cervelles,
Et qui, signes parfaits des règles éternelles,
Tracent brièvement aux hommes leur chemin :
« O peuple, disait-il, celui qui vient te dire
Que tu peux largement emplir ta tirelire
Par tout autre moyen qu'épargne et fort labeur,
Celui-là, c'est un fourbe, un vil empoisonneur ! »

Travailler, épargner, oui, voilà les puissances
Qui sont le vrai salut des pauvres existences,
Et qui, les élevant des bas fonds par degrés,
Les mènent saintement à des loisirs dorés.

Hors de ces deux mots-là, tout n'est rien qu'utopie,
Rêve sans consistance et fausse économie,
Mirage suscité par des agitateurs
Qui veulent du pouvoir enjamber les hauteurs,
Et qui, peu soucieux du mal de leurs doctrines,
Ne laissent aux dupés que misère et ruines.

Vaine publicité! tu pervertis le monde
En allumant aux cœurs mortels la soif immonde
  Du vin de la célébrité ;
Tu pousses souvent l'homme à plus d'un acte infâme,
Et lui ferais risquer pour un bout de réclame
  Sa céleste félicité.

Richard trois, écrasé du fer de la mitraille,
S'écriait en perdant sa dernière bataille :
  « *Mon royaume pour un cheval !* »
Autre temps, autre cri : « *Sans journal point d'affaire,*
Point de renom guerrier, de gloire littéraire,
  De trône même sans journal ! »

Aussi, comme les gens qui de l'intelligence
Sont les gros trafiquants, tirent de l'importance
De leur triste nécessité !
Jamais un duc et pair, un Mondor couvert d'ambre,
Ne vous fit tant droguer et plus faire antichambre
Qu'un marchand de publicité.

APOLOGUE

« *Allons! zim, zim, boum, boum, en avant la musique!*
Entrez, messieurs! entrez dans mon cirque tragique:
Vous y verrez luttant contre un ours un baudet,
Dix chiens de bonne race et du plus fier jarret... »
Je paie, entre et je vois, comme au champ du supplice,
Les deux pauvres lutteurs attachés dans la lice,
Et tout à l'entour d'eux leurs ennemis ardents
Jouant à qui mieux mieux de la griffe et des dents.
Le sang rougit le sable en mainte et mainte place,
Et plus d'un animal, sentant trouer sa peau,
Aboie et hurle; enfin, le belluaire crasse,
Jugeant que le public en a plus qu'il ne faut
Pour son argent, soudain fait tirer le rideau.
Tandis que le public s'en va, dans la coulisse
Par curiosité dextrement je me glisse.
Mais qu'y vois-je, bon Dieu! ces êtres forcenés
Qui tout à l'heure étaient ennemis acharnés,
Dormaient l'un contre l'autre en tranquilles postures,
Ou mutuellement se léchaient leurs blessures.

A cet aspect nouveau, singulier, imprévu,
Je ne pus m'empêcher de sourire et de dire :
« Chez les hommes aussi souvent cela s'est vu,
Surtout parmi les gens se disputant l'empire. »

O Racine, Boileau, Labruyère, Pascal,
Vous avez tous joui d'un bonheur sans égal :
Dans un ordre constant et sans gêne mauvaise,
Vous avez toujours pu travailler à votre aise,
Bien choisir vos sujets, longtemps les méditer,
Et des perfections du style les doter.
Quant à nous, malheureux prosateurs et poètes,
Arrivés dans un temps d'éternelles tempêtes,
Ahuris et changeant sans cesse de drapeaux,
Nous ne pouvons à bien mener de longs travaux,
Et ne devrons léguer au cours lointain des âges
Que quelques cris heureux en d'incomplets ouvrages.

Les Védas indiens en leurs pages profondes
Enseignent que Brahma, le créateur des mondes,
Voulant organiser une société,
Tira de son front vaste et plein de majesté
Pour premiers gouverneurs de l'empire les prêtres,
Puis de son cœur brûlant les Rois, souverains maîtres ;
Puis de ses bras nerveux sortirent les guerriers ;
Puis son ventre s'ouvrit, et de ses chauds foyers
Tombèrent les marchands, les hommes d'industrie,
Tous ceux qui font du gain le culte de leur vie ;
Enfin, dernier effort ! s'éleva de ses pieds
L'innombrable troupeau des pâles ouvriers.
Cette société bien assise et complète
Dura des milliers d'ans sans trouble ni défaite ;
Mais le temps y porta de graves changements :
L'esprit de liberté rompit les classements,
Et comme les humains, hors des bornes prescrites,
Ne peuvent point rester en de justes limites,

*Las! il en résulta que le bas envieux,
Désirant du pouvoir partager les enjeux,
Parmi les gouvernants dut réclamer sa place;
Si bien que de nos jours, aux regards de la masse,
L'homme sorti du ventre est plus considéré
Que le guerrier, le prêtre et le barde sacré,
Et que, de plus en plus étendant leur conquête,
Ce sont les pieds poudreux qui dirigent la tête.*

AUX SOI-DISANT RÉPUBLICAINS

DE 1880

La liberté n'est pas une âpre crocheteuse
    De serrures, de cadenas,
Une vile argousine en guerre furieuse
    Contre des Carmes, des Oblats.
Au despotisme enté sur une ou trois cents têtes
    Appartient ce sale métier,
Celui d'aller troubler au fond de leurs retraites
    Des gens qui ne font que prier,
De les prendre au collet, de les mettre en la rue,
    Comme un troupeau de malfaiteurs,
Et de livrer leur robe à la noire cohue
    Des voyous et des insulteurs.
La Liberté du droit de tous est soucieuse,
    Et par tous lieux, sous tous climats,
Elle sait respecter la foi religieuse
    Que son cœur même n'admet pas.

*Honte donc aux fauteurs de cette politique
   Qui, par d'imbéciles décrets,
Épouvante la France, et de la République
   Va nous dégoûter à jamais !*

Novembre 1880.

A DES INSULTEURS CATHOLIQUES

D'HENRI IV

Champignons vénéneux, moisissures sorties
Du fumier de de Maistre au fond des sacristies,
Infectez l'air des lieux où vous avez poussé ;
C'est juste et votre droit, mais respectez la gloire
D'un roi que vos aïeux d'homicide mémoire
Ont de leur saint poignard atrocement percé !

Je me souviens d'avoir vu souvent chez mon père
En mon jeune printemps un brave octogénaire,
Homme de haute taille, encor vivace et droit,
Et portant au visage un masque grave et froid.
C'était un vieux débris de l'âpre politique,
De l'an quatre-vingt-treize un reste fatidique.
Il avait édité dans ces temps furibonds
Un terrible journal, Les Révolutions.
C'est tout dire et s'il faut qu'aujourd'hui je le nomme,
On saura sur-le-champ qu'il s'appelait Prud'homme.
Or, comme devant lui l'on parlait un moment
Des embarras du Roi dans son gouvernement,
Le bonhomme en trois mots prononçait la sentence :
« Si l'on veut le repos et le bien de la France,
Pendez les Jacobins, pendez les Jacobins ! »
Et puis il ajoutait à ces mots peu bénins :
« Je les connais... j'étais de leur affreuse clique.
Ce qu'ils ont fait de mal à la chose publique

Est énorme, et ce mal toujours ils le feront,
Car ces gens-là jamais ne se corrigeront. »
Et quelque atténuant qu'on trouvât à son dire,
Retranché dans son mot, il n'y voulait souscrire.

Pour moi, loin de son temps et bien moins rigoureux,
Je ne veux point qu'on presse en de solides nœuds
Le cou des sectateurs de la foi jacobine;
Mais je voudrais que tout ami de la doctrine
Fût, cependant, marqué d'un trait rouge à son nom,
Et mis par le pays hors de toute action
Dans le gouvernement, car ce troupeau sectaire
A toujours des Césars été l'auxiliaire.

Rousseau disait un jour de noble expansion
Que la meilleure en fait de constitution,
La plus propice au bien du peuple était en somme
Trop cher payée au prix de la mort d'un seul homme.
Hélas! ce tendre mot va tout juste au rebours
De tout ce qui s'écrit et se dit de nos jours.
Il n'est point d'ostrogothe et baroque cervelle
Qui, rêvant pour l'État une forme nouvelle,
Ne veuille l'imposer à coups de revolver
Et d'engins monstrueux inventés par l'enfer.
Le sang, toujours le sang! — tel est l'affreux baptême
De tous les avortons de politique extrême,
Issus de l'ignorance et des vils appétits,
Fantoches déformés aussitôt que bâtis...
Ah! quand donc verrons-nous en notre pauvre France,
Toujours ensanglantée et toujours en démence,

La sainte humanité contracter union
Avec les purs concepts de la saine raison !
Raison ! humanité ! les plus beaux mots du monde,
De l'essence de Dieu double lueur profonde,
Pour les libres humains votre accord n'est-il pas
Le terme le plus haut des progrès d'ici-bas ?

*A Londre, un jour, causant avec mistress Locart,
La fille du grand Scott, âme douce et sans fard,
Elle me dit : « Monsieur, excusez ma nature
Rustique et peu tournée à la littérature.
Élevée au milieu des lacs et des grands monts,
De mon père jamais je n'eus d'autres leçons
Que celles que l'on donne aux filles de l'Écosse ;
C'est jouer de la harpe avec habileté,
Monter à cheval et dire la vérité :
Voilà tout mon savoir et mon apport de noce. »*

*Parfois, quand me revient ce propos de salon,
Je me dis aussitôt : Cette éducation
Si simple n'était pas, ma foi, des plus mauvaises,
Et je l'aime bien mieux dans sa rude façon
Que celles qu'aujourd'hui reçoivent nos Françaises,
Et qui consiste, hélas ! à se plâtrer le teint,
Se tortiller le corps dans des flots de satin,*

Se remplir le cerveau d'inutiles fadaises,
Tapoter bien ou mal un méchant clavecin,
Dans un coin de salon cultiver le potin,
Et, ne pensant qu'au bal et bravant les malaises,
Tourner comme un toton du soir jusqu'au matin.
C'est ainsi que chez nous on prépare les filles
A vivre sagement, à fonder des familles.

De la défaite, hélas! un des plus durs supplices
Est, pour l'honnête esprit grand haïsseur des vices
Et qui voudrait contre eux se dégorger le cœur,
D'être forcé de mettre un frein à son ardeur,
De respecter le mal, de cacher sa colère,
Et devant l'infamie obstinément se taire,
Car il sait que le vieil ennemi, l'Allemand,
A toujours l'œil braqué sur notre agissement,
Et qu'à ces noirs tableaux il pourrait encor dire:
« Quelle corruption ronge au cœur cet empire! »

Des hommes de parti l'égoïsme est féroce,
Et dans leurs passions ils vont jusqu'à l'atroce.
Que j'en ai rencontrés qui, voyant devant eux
Infiniment s'enfuir le terme de leurs vœux,
Préfèrent l'inertie aux luttes magnanimes
Et laissent le pays s'en aller aux abîmes,
Disant : « Pourquoi tenter un combat anormal?
Notre bien sortira certainement du mal. »

Déesse des cœurs faux, trop souvent des mortels
      Adorée, ô Palinodie !
Plus d'une langue, au blâme, à l'injure hardie,
Peut m'accuser d'avoir encensé tes autels.

Laissons dire la haine en sa méchante joie,
      Laissons-la crier, nous savons
Que jamais pour le gain de viles passions
Nous n'avons, Liberté, quitté ta sainte voie.

Jamais on ne nous vit d'un prince requérir
      Octroi de la moindre pécune,
Des courtisans du trône envier la fortune,
Et d'un titre pompeux follement nous couvrir.

Jamais, jamais non plus on ne nous vit descendre
      Aux bas fonds obscurs d'un pays
Pour y presser la main de sanglants abrutis,
Et payer le pouvoir qu'ils donnent d'un mot tendre.

Nous sommes demeurés toujours à notre rang,
  Celui qui sied à l'homme honnête,
Au coquin, quel qu'il soit, ne faisant jamais fête,
Et flétrissant partout l'infamie et le sang.

Si nous avons changé de mode et de langage,
  C'était pour arriver plus haut,
Dans un éther plus pur baigner notre cœur chaud
Et de l'éternel bien approcher davantage.

Qu'on critique ma Muse et qu'on l'admire peu,
Pour moi l'essentiel est qu'elle ait devant Dieu
Cheminé sans mentir, sans jouer double rôle.
Or, l'on n'a jusqu'ici vu luire à son épaule
La livrée aux glands d'or d'aucun gouvernement;
Elle n'a point roulé dans l'égout du serment,
Ni soufflé l'anarchie en de sanglantes rimes;
Pour elle le talent ne lave point les crimes,
Et jusques à la mort elle mettra du prix
Plus aux faits d'un grand cœur qu'à l'art des beaux esprits.

Céleste Probité, de ta sainte lumière
De plus en plus s'éteint l'éclat pur et loyal,
Et des cupidités le sinistre fanal
  N'éclaire plus sur notre terre
Que l'orgie insolente et la joieordurière
 Des noirs Pithons et des pourceaux du mal!
Hélas! sur tous les points de notre belle France
On ne rencontre plus que des gloutons d'argent,
  Dont l'appétit de plus en plus urgent
  Du peuple à jeun dévore la substance;
On n'entend plus parler que de puissants voleurs,
D'écrivains corrompus souillant l'âme de l'homme,
Mettant l'art à l'encan et, pour la moindre somme,
  Vendant leurs plumes et leurs cœurs.

Partout comme un fléau pire que la famine,
Sur la France s'étend le vent de la rapine
Et, pour peu qu'il y dure, à cet air corrupteur
On verra se flétrir sur sa blanche poitrine
Jusqu'au dernier bouton des roses de l'honneur.

LE
POÈME DES ANGOISSES

HYMNE AU CARNAGE

O *Teutatès*, roi du carnage,
Dieu cruel des jours d'autrefois,
Tu renais, ton culte sauvage
Succède à celui de la croix !
Notre Gaule et la Germanie
Sont reprises par la manie
De brandir le fer assassin,
Et de vider de sang les veines
Des populations humaines
Qui tourbillonnent sur leur sein.

La Guerre embouchant sa trompette
A hurlé l'appel aux combats :
Soudain autour d'elle se jette
Une foule ivre de son glas ;
Et voilà que la charge sonne,
Le fusil part, le canon tonne,

Les fers brillants croisent les fers,
Les corps tombent comme la feuille
Et le fleuve qui les recueille
Descend tout rouge aux vastes mers.

Puis voilà les cités en flammes
Couvrant le sol de leurs débris,
Des vieillards nus, de pauvres femmes
Avec leurs enfants sans abris;
Et la faim, cette sœur funeste
De l'incendie et de la peste,
Courant après tous ces haillons,
Et terminant sur cette foule
Plus gémissante que la houle
L'œuvre terrible des canons.

Quel tableau navrant! Quand l'on pense
Que trois jours avant ce fracas
Ces nations dans l'abondance
Vivaient et prenaient leurs ébats!
Et cependant il est des hommes,
Aux temps avancés où nous sommes,
Que l'exemple n'a pu changer
Et qui donnent, rhéteurs impies,
L'affreux signal de ces tueries
Le front serein, le cœur léger.

Et pourquoi ? Pour un bout de terre
Que des princes veulent avoir
Le long d'une grande rivière,
Commun et fraternel miroir,
Et dire : « Sur le sort du monde
J'exerce une action profonde
Et, tel que la divinité,
Je ne veux pas que dans l'Europe
Rien ne bouge et se développe
Sans mon auguste volonté. »

O fol orgueil ! Déjà l'histoire
Nous a trop bien montré comment
Dieu sait châtier toute gloire
Qui se conquiert injustement.
N'importe ! il faut que l'on refasse
Le même crime et qu'on repasse
Par le même sanglant chemin,
Quitte, un jour de mauvaise chance,
Dans la honte et dans la souffrance
A subir le même destin.

Roulez tambours, sonnez fanfares,
Étourdissements de la chair,
Poussez aux actions barbares
Les malheureux traîneurs de fer !

Et vous aussi, troupe vénale
Des plumitifs, dans la rafale,
Redoublez de blague et de cris !
Teutatès est là qui réclame
Son encens, la vapeur infâme
D'un million de corps pourris.

Écrit le lendemain de la déclaration
de guerre de la France à la Prusse.
Août 1870.

L'HOMME DE SEDAN

Je n'ai jamais maudit qu'un seul être en ma vie :
    C'était ce cavalier bourreau
Qui dans l'Europe en pleurs et la France asservie
    Répandait le sang comme l'eau.
Mais il en est un autre encor plus haïssable :
    C'est le Napoléon sournois
Que, dans ses lâchetés, la France impardonnable
    Trois fois dressa sur le pavois.
Celui-là, c'est ensemble et la honte et le crime.
    Le meurtre lui mit sceptre en main,
Et la corruption fut le support infime
    De son trône de libertin.
O mon pays, tu l'as voulu ! Dix-neuf années,
    Tu livras au César menteur
L'or de tes travailleurs, la fleur de tes armées,
    Tes libertés et ton honneur ;
Et cet homme et sa bande ont fait de toi litière,
    Jusqu'au jour où le fou puissant,
Jouant ton sort au jeu d'une effroyable guerre,
    Avec toi sombra dans le sang.

6 Septembre 1870,

LES FILS DES HUNS

Ce sont bien eux toujours, avec leurs mains avares,
    Leurs yeux rusés et leurs engins de feu,
Toujours des ravageurs féroces, des barbares
    Frappant partout gens et choses de Dieu !

Strasbourg leur crie en vain : « Laissez sortir les femmes,
    Les enfants nus, les vieux au corps ployé,
Tout ce qui ne peut point combattre ! » Les infâmes
    Répondent non, sans honte, sans pitié.

Un saint évêque dit : « Épargnez les malades,
    Les lieux gardiens des merveilles de l'art,
Ma vieille cathédrale, aux sublimes arcades
    Et dont la flèche émeut tant le regard ! »

Et l'atroce Werder répond à sa demande
    Ces mots affreux : « Point ! c'est par la terreur
Que j'espère bientôt que le soldat se rende
    Et sous mes pieds abaisse sa valeur ! »

Et le mortier reprend sa manœuvre infernale,
    La bombe en feu plane sur les abris,
Et tout, bibliothèque, hospice, cathédrale,
    Jonche le sol de chauds et noirs débris.

Le sang coule à torrents, et si la noble place
    N'est secourue, hélas ! c'est un tombeau
Autour duquel longtemps les filles de l'Alsace
    Des gens du Nord maudiront le fléau.

Horreur ! et voilà bien des siècles qu'on dépense
    Esprit et cœur pour en arriver là,
Pour voir recommencer avec plus de science
    L'œuvre sans nom des hordes d'Attila !

                                  Écrit le 10 septembre 1870.

AUX ALLEMANDS

Qu'as tu fait, Allemagne ? En ce conflit nouveau,
  Tu t'es mise à la suite
Du féroce Bismarck et de son roi dévot,
  Bombardeur émérite !
Toi que l'on estimait parfum d'honnêteté
  Et fleur de poésie,
Tu n'avais dans le cœur, sous masque de bonté,
  Que basse jalousie !
Servante du Prussien, tu lui prêtas tes bras
  Quand le troupeau sauvage,
S'épandant sur nos champs, y porta le trépas,
  La flamme et le ravage ;
Tu mêlas ton épée aux glaives assassins
  De ces affreux vandales,
Et pris secrète part à tous les noirs desseins
  Des bandes féodales !
Et pourquoi ? Dans l'espoir qu'au vil démembrement
  De la France éventrée,
Tes petits rois vautours seraient tous amplement
  Admis à la curée !

Tes républicains même, ivres de la beauté
  De cette boucherie,
Ont, muets presque tous, à peine protesté
  Contre la barbarie !
Ah ! le temps peut couler, il ne lavera pas
  Cette action coupable :
Elle marque ton front entre tous les états
  D'une tache effroyable.
Pour des siècles sans nombre elle nous laisse au cœur
  Une haine infinie,
Dont nulle douce paix n'amoindrira l'ardeur,
  Perfide Germanie !
Mais, va ! ton châtiment s'avance, car après
  Cette horrible campagne
Le venin de la Prusse en toi reste à jamais
  Et morte est l'Allemagne.

       Écrit le 15 Septembre 1870.

MACTE ANIMO...

Tomber en luttant n'est pas honte,
Surtout luttant un contre trois !
Relevons-nous ! canons de fonte
Défendez nos champs et nos toits !

Il ne se peut point que la France
Voie un plus long temps son terrain
Souillé, sali par la présence
Des envahisseurs d'outre-Rhin !

Impossible que la Lorraine,
Brillant cadeau des jours anciens,
Anneau d'hymen, dot d'une reine,
Tombe et reste aux doigts des Prussiens !

Impossible que notre Alsace,
Sœur par l'amour et par le sang,
Échappe à ton bras qui l'enlace,
O France ! et quitte ton beau flanc !

Impossible que la grand'ville,
Paris, merveille des cités,
Devienne la litière vile
D'un tas de hulans effrontés!

Non, non! la France notre mère
Ne subira point ces affronts,
Elle qui coucha sur la terre
Tant de fois l'orgueil des Teutons.

Le vieux sceptre de Charlemagne
N'est pas encore à vous, Germains,
Et vos coups, dans cette campagne,
Ne l'ôteront pas de nos mains!

Valmy, Mayence, faits d'histoire
Pour nous si beaux, si glorieux,
Revenez à notre mémoire,
Ranimez nos bras valeureux!

Songeons que chacun de nos frères
Fauchés par le plomb ravageur
Au jour a fermé ses paupières
Dans l'espérance d'un vengeur.

Donnons à ces héros des larmes,
Puis, debout, l'esprit raffermi,
Jeunes, vieux, tous, prenons les armes,
Et feu sans fin sur l'ennemi!

Feu de partout, du mont superbe,
Des champs, des bois et des cités !
Que partout poussent comme l'herbe
Des braves aux cœurs indomptés !

Des hommes, des hommes en masse !
Et le Teuton présomptueux
Du sol souillé par son audace
S'enfuira comme un loup honteux :

Et le loup gagnant sa tanière,
Se dira : « Plus d'illusions !
Entamer la France est chimère ;
Elle a pour enfants des lions. »

Et les lions, hors des batailles,
Montreront ce qu'ils sont vraiment,
Des êtres fiers, mais pleins d'entrailles,
Amis de tous et n'estimant

Que les biens de la paix féconde,
Et ne voulant sur leur terrain
Que vivre en paix avec le monde
Au pur soleil républicain.

Écrit le 20 Septembre 1870.

L'INVESTISSEMENT

Le drame suit son cours ! Tels que damnés d'enfer
Nous voilà renfermés dans un cercle de fer
Qui va de jour en jour rétrécir sa mesure.
Bientôt nous sentirons sa terrible brûlure,
Quand obus et boulets s'abattant à la fois
Entameront nos murs et crèveront nos toits.
Puis la faim surviendra nous mordre les entrailles,
Mal plus cruel encor que le fer des mitrailles,
Car jusques en nos bras, sous ses baisers cuisants,
Elle fera pâlir le front des innocents.
Quelle angoisse ! Pourtant, qu'importe la souffrance
Si nous pouvons sauver le grand cœur de la France,
Notre immortel Paris ! Qu'importe sous nos pas
Que la fosse s'entrouvre et que plus d'un, hélas !
Y tombe, si, rendant les coups avec usure,
Nous pouvons préserver à jamais de souillure
Le blason du pays. — Donc, courage ! Aux remparts
Courons tous, citoyens ! Jeunes gens et vieillards,

Veillons y nuit et jour ; et toi, peuplade sainte
Des femmes, des enfants, sois grave dans la crainte ;
N'affaiblis pas nos bras par des cris et des pleurs,
Et pense à ce qu'ont fait sous les mêmes douleurs
— O muet héroïsme ! ô vaillance chrétienne ! —
Nos frères et nos sœurs d'Alsace et de Lorraine.

Écrit le 26 Septembre 1870.

LES PLAGIAIRES DE 93

« *Quoi de mieux, ont-ils dit, que l'époque immortelle*
 Où la France mise aux abois
Envoyait pour défi dans sa grande querelle
 La tête d'un monarque aux Rois !
Vive quatre-vingt-treize et ses fêtes augustes !
 Vive la Déesse Raison !
Marat est un grand saint, le cœur de tous les justes
 Est désormais son Panthéon ! »
Et les sombres Trublets se sont mis à l'ouvrage ;
 Et bientôt notre cher pays
Les a vus pour du neuf nous donner une page
 Teinte du sang des jours maudits ;
Et les clubs ont rouvert leurs bruyantes tanières,
 Et là de venimeux poumons
Ont fait d'affreux appels, en cris incendiaires,
 Au poignard des séditions.

Et c'est ainsi, grand Dieu! qu'écrivasse et bourdonne
    Une rouge minorité,
Alors que du Prussien l'énorme canon tonne
    Autour de la grande cité.
Oui, lorsque l'ennemi de ses feux bat nos portes,
    A travers nos pauvres faubourgs
De vieux chefs panachés promènent leurs cohortes
    A son de trompe et de tambours.
Puis, non contents du bruit, ils tentent la fortune,
    Et, munis de bons chassepots,
Ils viennent assiéger par une nuit sans lune
    Le vieux nid des municipaux;
Et là, brutalement installés, sans vergogne,
    Ils frappent décrets sur décrets
Aux cris de leurs pandours énivrés du bourgogne
    Tiré des caves du palais.
O honte! et ce sont là pour maint scribe en délire
    Les vrais gouvernants du pays,
Les seuls dignes d'avoir les rênes de l'empire
    Et de chasser les ennemis.
Arrière ces sauveurs! On sait trop qui vous êtes,
    Hommes de terreur et de deuil,
Vous de la République aux allures honnêtes
    Toujours le douloureux écueil.
On ne veut pas de vous!... Vos pères et vos princes,
    Hebert, et Couthon et Marat,
Feraient de leurs noms seuls reculer les provinces
    Qui nous viennent pour le combat.
Fantômes du passé, vous feriez trop l'affaire

Du barbare penché sur nous !
Vous sentez la momie et le linge en poussière,
Il nous faut d'autres gens que vous !
Il faut, pour nous sortir de nos grandes misères !
Des braves purs de tout excès,
Sachant verser le sang des hordes étrangères
Et non, certes, le sang français !

Écrit le 3 novembre 1870.

A DEUX VICTIMES
DU COMBAT DE BUZENVAL

HENRI REGNAULT
PEINTRE

Que l'art, prince des cieux, ne soit pas corrupteur ;
Qu'aux mains de ses enfants son souffle pacifique
N'émousse point le glaive et le fer de la pique,
Et pour brûler le front n'éteigne point le cœur !

Telle était la pensée en des siècles d'honneur
Qui des fils d'Apollon guidait l'âme héroïque
Et qui, les animant d'une vertu stoïque,
De leurs songes divins rehaussait la splendeur.

Ah ! le temps l'a-t-il toute emportée à l'abîme ?
Non pas ! — Nous en avons une preuve sublime
Par toi, jeune homme fier, aux jours trop tôt finis.

Devant l'invasion et ses hordes sanglantes,
Tu préféras au don des peintures brillantes
La gloire du soldat qui meurt pour son pays.

20 Janvier 1871.

GUSTAVE LAMBERT

NAVIGATEUR TUÉ AU COMBAT DE BUZENVAL

Esprit ambitieux d'une grande aventure,
Race des vieux dompteurs de flots bouleversés,
Toi qui voulais ôter son voile à la nature
Et du Pôle franchir les passages glacés ;

Pour arriver au point où brillait ta chimère
Que de peines tu pris ! que de travaux ardus !
Que de pas ! que d'efforts ! Puis, lorsque l'onde amère
Fut près de t'emporter aux rivages perdus,

Voilà que l'Allemagne entière est sur la France !
Il te faut demeurer... Mettant notre souffrance
Avant tout, du soldat tu revêts le harnais,

Et bientôt un Teuton enivré de tuerie,
Sous les murs de Lutèce, avec son arme impie,
Te donne le renom qu'au Pôle tu cherchais.

BOMBARDEMENT DE NUIT

C'est affreux ! le sommeil en vain clôt mes paupières,
Je ne puis pas goûter ses faveurs salutaires,
Tant m'émeut le fracas des obus sur Paris.
Quoique loin de leur vol et sous d'épais abris,
Je souffre trop du mal causé par leurs ferrailles :
Je pense aux malheureux dont les toits, les murailles,
Aux coups de l'ennemi sont le plus exposés,
Aux femmes, aux enfants en dormant écrasés,
Aux passants foudroyés dans leur marche hâtive,
Enfin à tous ces gens de vie inoffensive
Qu'atteint de loin la mort... Et j'appelle sans cœur
L'écrivain qui jadis disait que c'est douceur
D'entendre du sommet des tranquilles rivages
Bondir et retentir les flots pleins de naufrages.

25 Janvier 1871.

LE DRAME DE PARMAIN

A LA MÉMOIRE
DE M. DÉTERVILLE DESMORTIERS
fusillé le 15 Septembre 1870.

Exténués de faim et du manque de somme,
Traînés de poste en poste, un vieillard, un jeune homme
Arrivent sous l'injure et les vils traitements
Devant un haut gradé des vainqueurs allemands :
« Voila deux francs-tireurs saisis avec leurs armes
Et qui nous ont donné d'assez vives alarmes ;
Colonel, que faut-il faire de ces bandits ? »
Le chef à ce discours fronce ses blonds sourcils :
« Vous connaissez le sort que l'on réserve aux hommes
Qui, n'étant point soldats ainsi que nous le sommes,
Combattent en dehors de tout corps régulier ;
Les lois ne veulent pas qu'on leur fasse quartier.
Pourquoi donc m'amener une semblable prise,
Ce jeune misérable et cette barbe grise ? »

— *Ils voulaient vous parler.*

— *Que veulent-ils de nous ?*
— *Rien pour moi, colonel,* dit d'un ton ferme et doux
Le vieil homme, j'ai fait ce que fit l'Allemagne,
Quand jadis contre nous elle tint la campagne ;
J'ai défendu ma femme et mon fils et mon bien,
Mon devoir est rempli ; je ne demande rien,
Mais je ne voudrais pas, si vous m'ôtez la vie,
Que vous prissiez aussi cette jeune âme amie,
Ce garçon que j'eus tort d'entraîner sur mes pas :
Si vous êtes humains, vous ne le ferez pas ! »

Devant cette parole aussi noble que fière,
Étonné, l'officier baisse les yeux à terre,
Et, comme un remords, sent pénétrer dans son cœur
Des doutes sur son rôle affreux de massacreur.
Il songe... détachant des rangs une ordonnance,
Il l'envoie aussitôt soumettre la sentence
Au prince général dont il est dépendant.
La réponse revient, mais non point cependant
Telle qu'eût dû la rendre un si haut personnage ;
Elle était sans pitié, comme un cri de sauvage,
En trois mots confirmant l'épouvantable arrêt :
« *Qu'on les fusille !...* » *Horreur ! Ce qui fut dit fut fait.*

Et pourtant ce vieillard qui tombait sous la balle,
N'était point d'une race ou vulgaire ou brutale ;

C'était un magistrat qui trente ans dans Paris
Servit avec honneur et zèle son pays,
En découvrant le crime, en pourchassant le vice.
Or ce vieux serviteur de la sainte Justice,
Sur le point de goûter un mérité repos
Aux bords fleuris que l'Oise arrose de ses eaux,
S'était senti, devant les malheurs de la France,
Soudain monter au front l'héroïque démence ;
Et, prenant un fusil à l'âge des langueurs,
Il avait su montrer à tous les jeunes cœurs
Comment un bon français résiste à la furie
De l'étranger foulant le sol de la patrie.
Quant à l'homme cruel à son cri resté sourd,
C'était, qu'on s'en souvienne ! un duc de Mecklembourg.

Tel fut l'affreux destin d'un vieillard vénérable,
Moins digne de pitié peut-être qu'enviable,
Car son trépas fut grand. — Digne homme, dors en paix
Sous la couche de terre où fleurs et gazons frais
Couvrent tes nobles os ! J'espère que ma rime
Sauvera de l'oubli ton acte magnanime.
J'en ai fait le récit par devoir pour le bien,
Et pour l'éterniser en chaque citoyen,
Et pour payer aussi ma dette de tendresse
Au bon parent qui fut l'ami de ma jeunesse.

10 Mars 1871.

VAINCUS!

. . . .

O France, ma patrie ! avec des pleurs de sang
    J'écris cette poignante rime,
Car c'en est fait de toi ; sur ton front impuissant
    Le malheur du vaincu s'imprime.
Vaincus ! oui par la faim bien plus que par le fer,
    Vaincus par nombre de souffrances,
Par les fléaux du ciel et par ceux que l'enfer
    Déchaîne dans les jours de transes ;
Par l'abandon surtout des grandes nations
    Qui nous faisaient tant de caresses,
Et qui, pour le succès de leurs ambitions,
    Nous ont lâchés dans nos détresses.
Vaincus, partout vaincus ! Heureux ceux dont le cœur
    N'a pu survivre à cette guerre,
Et qui sur notre sol tombés avec honneur
    Y gisent froids, l'œil sans lumière !

Oh! les bienheureux morts! ils n'auront pas à voir
    De nos cités la plus brillante,
Paris, ouvrant ses murs vaillants au troupeau noir
    De l'Allemagne triomphante ;
Ils n'auront pas à voir de durs spoliateurs
    Fouiller nos poches retournées,
Pour y prendre à pleins doigts le fruit de nos labeurs,
    L'épargne de quarante années ;
Ils n'auront pas à voir, au cri d'un caporal,
    Nos soldats mettre bas leurs armes,
Et, s'étouffant la voix devant ce fait brutal,
    Ne protester qu'avec des larmes !
Non! ils n'entendront pas le galop des hulans
    Nuit et jour ébranler nos rues,
Et ne bondiront pas aux rires insolents
    De ces meurtrières cohues.
Oh! que ne suis-je mort avant mes soixante ans !
    Mon âme en prenant sa volée,
N'aurait point, à travers l'éternité des temps,
    Les feux de la voûte étoilée,
Avec elle emporté l'atroce souvenir
    De ce spectacle abominable :
La France au premier rang ne pouvant plus tenir,
    Tronquée, ouverte et misérable !...

CHUTE DE LA COLONNE

C'était pourtant l'un d'eux... Sa plus fière ennemie,
  En l'appelant Robespierre à cheval,
Avait qualifié justement le génie
  Et l'action de cet homme fatal.
Il n'était pas sorti d'une couche princière;
  Il avait même avec plus d'un vaurien,
Dans les premiers élans de sa course guerrière,
  Coiffé son front du bonnet phrygien;
Puis, lorsqu'il eut grimpé jusqu'au faîte du trône
  Et revêtu le frac impérial,
Il préféra toujours à l'or de la couronne
  Le vêtement du petit caporal.
Enfin, du peuple il fit l'outil de ses chimères,
  Et l'entraînant sur ses pas, en cent lieux,
Il le cribla de plomb, l'accabla de misères,
  Et n'en parut que plus grand à ses yeux !

Et voilà qu'aujourd'hui, pris d'une immense haine
  Contre le Dieu qui fut son enchanteur,
Ce peuple veut briser la beauté souveraine
  Du monument dont il lui fit honneur.
Allons, la chose est faite ! et sur le sol qu'il broie,
  L'énorme fût tombe à grand bruit : « Hourra !
— Hourra ! » répond soudain le Prussien plein de joie,
  Qui voit tomber le vainqueur d'Iéna...
Et les déboulonneurs, redoublant d'avanie,
  Crachent l'insulte à ses membres souillés.
Ah ! si l'homme de bronze était encore en vie,
  Comme ils seraient à plat ventre à ses pieds !

24 MAI

Un misérable avait dans son affreux journal
Annoncé par ces mots le dénouement fatal :
« Monsieur Thiers est chimiste, et son intelligence
Comprendra ce que sont nos moyens de défense... »
C'était ce feu sorti du sol, grégeois nouveau,
Qui flambait comme l'huile et brûlait malgré l'eau,
Le pétrole... Jeté sur tous nos édifices,
Montant de bas en haut, et par les orifices
S'insinuant partout, il devait des soldats
Par cent combustions interrompre les pas.
Aussi, dès qu'aux abois les chefs de la Commune
Virent dans le néant s'abîmer leur fortune,
La rage dans le cœur, et de désespoir fous,
Ils se dirent entre eux : « Si nous périssons tous,
Il faut qu'en même temps Paris tombe et périsse ! »
C'est le mot de Macbeth au bord du précipice.

Et soudain en bourreaux transformant leurs soldats,
Les monstres massacrant prêtres et magistrats,
Tout ce que leurs cachots tenaient de grands otages,
Ils livrèrent Paris aux formidables rages
D'innombrables bandits ; et, parmi ces tueurs,
Des mégères hurlant de sauvages clameurs,
L'œil ardent, crins épars, ainsi que des bacchantes,
Suivaient la torche en main les cohortes sanglantes.
Alors la ville entière offrit l'aspect affreux
D'une énorme bataille en un cercle de feux,
Où le canon mêlait ses rugissements sombres
Au fracas de la pierre et des bois en décombres,
Et dans lequel poussé d'alcool un peuple entier
Se pillait, se brûlait, s'égorgeait sans quartier.
Et c'étaient des Français, ô féroce démence !
Qui dans le vieux Paris, comme en un cirque immense,
Jouaient, pour le plaisir des Teutons triomphants,
L'œuvre de leur Schiller, le drame des Brigands...
Non, dans le cours entier de ses grandes annales,
La France n'a point vu de telles saturnales,
Ni sur elle abattus deux fléaux à la fois
L'emplir d'autant de maux, de crimes et d'effrois !
Barbares et bandits ! c'est trop !... Les misérables !
Ce n'est pas seulement pour leurs œuvres damnables
Qu'il faut les abhorrer et les maudire, mais
Pour avoir reporté par leurs communs forfaits
Les peuples de la Gaule et de la Germanie
Aux exécrables jours de la sauvagerie ;
Pour avoir rallumé dans des cœurs généreux

*Le foyer presque éteint des sentiments haineux,
Empesté les esprits de désirs malhonnêtes,
Soif immonde de l'or et rage des conquêtes,
Et chassé pour un temps peut-être illimité
La foi dans le progrès et dans l'humanité!*

ÉPILOGUE

C'est ainsi qu'en mes doigts la plume frissonnante
Retraçait quelques traits de ce temps d'épouvante
Où la France, ployant sous un double fardeau
De misères, se vit si proche du tombeau.
O Muse! dans le cours de ces luttes cruelles,
Tu m'as heureusement protégé de tes ailes,
Et prêté même un peu de ta sublime voix
Pour chanter mes douleurs, mes haines, mes effrois.
Merci! fille du Ciel, aux bienfaisants dictames,
Refuge consolant où se tournent les âmes,
Quand l'atroce Bellone et les crimes hideux
Plongent les nations dans le sang et les feux.
Oh! puisses-tu toujours de ta hauteur suprême
Soutenir du regard le poète qui t'aime,
Et pour des temps encor bien surchargés de noir
Conserver à son cœur les flammes de l'espoir!

FRAGMENTS

1823-1872

NOTES

D'UN VOYAGE EN SUISSE

1827

FRAGMENTS

PREMIÈRE RENCONTRE
DE LAURE ET DE PÉTRARQUE

Fragment d'un Poème élégiaque

. . . .

On était aux beaux jours de la fleur avrillère,
A l'heure où du matin la divine courrière
Brille encore au plus haut de la voûte des cieux.
Avignon se rendait gravement aux saints lieux
Pour baiser les pieds morts du Rédempteur du monde.
Un jeune clerc, déjà de science profonde,
Le front enveloppé d'un grand capuce noir,
Allait aussi, rêveur, accomplir son devoir.
Sur ses pas un couvent, celui de Sainte-Claire,
Tenait sa porte ouverte. Il entre et vers la pierre

Où tremble l'eau bénite, il incline la main.
A peine elle y descend qu'une dame soudain
Y plonge aussi la sienne, et, dérangeant son voile,
Découvre deux yeux bleus plus brillants qu'une étoile.
Le jeune homme ébloui crut voir à son côté
Descendre du ciel même un ange de clarté.
Jamais femme n'avait montré beauté pareille,
Si bien qu'au prompt départ de la jeune merveille,
Immobile, longtemps il la suivit des yeux,
Oubliant tout, le monde et l'heure et les saints lieux...

LES LIMBES

Fragment d'un Poème mystique

. . . .
. . . .

Région singulière, étrange ! ce n'était
Ni les ombres du soir, ni l'aube qui renaît,
Ni le jour, ni la nuit; mais un champ de nuages
L'un l'autre se poussant, s'entassant par étages
Sans bruit et sans éclairs, et dans cet élément
Des âmes par milliers volaient confusément,
Exhalant des soupirs, des plaintes étouffées,
Pareils aux douces voix des sylphes et des fées,
Ou comme les rumeurs nocturnes des oiseaux,
Et les susurrements des limpides ruisseaux ;
Et c'était là, depuis l'ère prodigieuse
De sa création, que la terre poudreuse
Envoyait séjourner les âmes des mortels
Qui n'avaient point de Dieu connu les saints autels ;

Et là, petits enfants morts sitôt la naissance,
Sages païens, héros des vieux temps d'ignorance,
Attendaient dans la nuit les sublimes clartés
De Celui dont le sang nous a tous rachetés.
Soudain un rayon d'or part du haut de l'espace,
Descend au sein du gouffre et, pénétrant la masse
Des grisâtres vapeurs, des nuages flottants,
Émeut de tout côté leurs tristes habitants.
Alors, comme l'on voit sur un lac immobile,
Au tomber d'un objet qui ride l'eau fragile
Et l'agite au dessus, d'innombrables poissons
A grands coups de nageoire arriver des bas-fonds
Et se précipiter sur ce qu'ils croient pâture,
Ainsi des profondeurs de leur retraite obscure
Par milliers les esprits languissants, malheureux
S'élancent, tout hâtifs, vers le point lumineux ;
Et ce point grandissant, élargissant sa sphère,
Leur montre un corps humain inondé de lumière
Et sur ce corps rempli de grâce et de splendeur
Le front du fils de Dieu, la face du Sauveur…

Les cœurs de femme sont des gouffres de désir ;
La mer y tomberait sans pouvoir les remplir.
Le mensonge est toujours à leurs lèvres de flamme
Et rarement leurs yeux nous reflètent leur âme.

En elle j'aime tout, l'or blond de ses cheveux;
La pourpre de sa lèvre où le rire se joue,
L'albâtre de son col, les roses de sa joue,
Ses pieds, ses mains, son corps, tout enfin, hors ses yeux,
Ses yeux dont les éclairs, perfides étincelles,
Vont toujours près de moi chercher d'autres prunelles.

Sous les traits féminins, las! que de tromperie!
Un beau jour, au jeune âge, une moëlleuse voix
Vous charme et met au front l'amoureuse folie,
Comme un bandeau de pourpre à la tête des rois.

En des regards voilés, sur une joue en flamme,
On laisse vos regards avidement plonger,
On laisse votre main s'égarer sans danger
Sur une autre et trahir le secret de votre âme;

On vous berce longtemps comme un petit enfant
Que l'on caresse avec des paroles intimes;
On éclaire vos jours d'un espoir triomphant
Et l'on dore vos nuits d'illusions sublimes;

Enfin après l'attente, après de longs combats,
Bien des heures en proie à la fièvre suprême,
Lorsqu'éperdu d'amour, vous dites : « Je vous aime! »
On vous écoute encore et... l'on en rit tout bas.

Le plus mauvais calice à boire dans la vie
Est le calice amer du désenchantement ;
C'est l'heure où dans l'amour une âme ensevelie
De son sommeil divin se lève tristement ;
C'est le jour où l'on perd la trace qu'on adore,
Où tombe de l'espoir le voile parfumé,
Où le temps vous découvre un mal que l'on ignore,
Où l'on apprend qu'on aime et qu'on n'est pas aimé.

Alors comme un Orphée au funèbre royaume,
Vers l'ombre qui s'enfuit on s'élance à grands pas ;
On voudrait ressaisir l'adorable fantôme
Et pour l'étreindre encore on lui tend les deux bras,
Mais hélas ! c'est en vain, le destin vous l'enlève
Et vous demeurez seul avec de longs soupirs,
N'ayant de votre amour que ce qu'on a d'un rêve,
La peine du réveil et d'amers souvenirs.

MOROSITÉS

. . . .

*Plus d'une vie est comme une nef en dérive
Et dans la mer du monde à l'onde convulsive
Ne pouvant plus voguer au gré de son désir.
Trop de flots écumants sont venus l'assaillir,
Trop de vents orageux ont soufflé dans ses voiles,
Troué, mis en lambeaux la blancheur de ses toiles,
Brisé son gouvernail et rompu ses agrès,
Si bien que, renonçant à tous vastes projets,
Tous plans de découverte et de fière entreprise,
Elle n'a plus de route, et les eaux à leur guise
La heurtant, la poussant, elle ne veut du sort
Que d'aller échouer doucement à la mort.
Il arrive souvent certains jours dans l'année
Où tel qu'un vieux chef d'homme on a l'âme inclinée,
Où la jambe trébuche, où l'on marche sans voir
Et lorsque l'on regarde on ne voit que du noir.*

Jours mauvais, car partout où votre pied se pose
Nature vous grimace une vilaine chose.
L'onde est forte et bourbeuse en passant sous le pont,
Le ciel noirâtre et gris pèse comme du plomb,
L'arbre comme un corps nu dans ses branches frissonne,
Le vent glace, et dans l'air la cloche qui résonne
Semble un mourant qui geint par le mal harrassé.
Partout un corbillard emporte un trépassé,
Partout nombre de gueux vous demandent l'aumône,
Partout des yeux éteints et des fronts pleins de jaune;
Enfin, si désertant le tumulte et le bruit,
Tout au fond d'un faubourg, en un petit réduit,
Promptement vous allez pour consoler votre âme,
Un instant la suspendre aux lèvres d'une femme,
Le noir vous suit encor dans cette volupté;
Et là, bien qu'en ses bras l'amour vous ait jeté,
Bien que sur deux beaux yeux votre lèvre se joue,
A travers le satin de la plus fraîche joue,
Sous la plus fine peau, dans le plus doux transport,
Vous sentez percer l'os d'une tête de mort.

MÉCOMPTE

Mère du droit commun, ô noble République,
Du jour où la nature eut formé ma raison,
Aimant d'un amour vrai ta forme magnifique,
Je t'ai voué mon culte et, comme au ciel attique,
T'ai dressé dans mon cœur un brillant Parthénon.

Je souhaitais te voir, malgré l'épreuve amère
D'un âge qui jamais ne devait revenir,
Habiter notre sol et là, puissante mère,
Conduire les destins de la France prospère
Dans les champs azurés d'un splendide avenir.

Le trône renversé par un seul coup de foudre,
Et la corruption à tous les vents du ciel
Dispersée avec lui comme une sale poudre,
Te faisaient large place et beau jeu pour résoudre
Du vrai gouvernement le problème éternel.

Je m'élançai bientôt pour admirer ta face,
Croyant y retrouver les traits de Washington;
Mais, las, quelle douleur! je ne vis à ta place
Qu'une fille de rue ameutant sur sa trace
Tous les affreux bâtards de Babeuf et Couthon.

15 Mai 1848.

Quand le Christ en mourant jeta ce mot profond :
« Pardonne-leur, mon Dieu ! savent-ils ce qu'ils font ? »
Il pensait au pouvoir du Créateur suprême
Et jugeait de son haut notre faiblesse extrême.
Mais doit-on le pardon à qui sait qu'il fait mal
Et va persévérant dans un acte infernal ?
Non ! ce serait au crime abandonner la lice,
Ce serait violer les lois de la justice.
Tout mal fait sciemment doit être combattu :
Le souffrir est d'un lâche et d'un cœur sans vertu !

SANCTA SIMPLICITAS

J'ai vu, durant mon long voyage sur la terre,
Que l'âme aux purs élans, l'âme tendre et sincère,
Était celle à qui Dieu faisait le mieux savoir
Les mystiques secrets de son vaste pouvoir
Et comprendre le mieux le sens de la nature;
J'ai vu que de l'enfant la candide figure
Était celle où la joie en ses enivrements
Versait le plus de grâce et de rayons charmants
Et sur laquelle aussi, dans son passage immonde,
Le mal laissait le moins d'impression profonde;
Plus tard, j'ai remarqué que, dans les embarras
De notre course au sein des choses d'ici-bas,
Sans peine, sans sueur, sans cris et sans audace,
Le cœur honnête et droit se faisait bonne place
Et souvent arrivait au terme désiré
Plus vite que le fourbe au jarret assuré;
Enfin devant la mort, près de l'heure dernière,

J'ai vu, noble spectacle, aux feux de la lumière
L'œil du juste se clore avec sérénité :
Et ma voix s'est émue, et ma lèvre a chanté :
« Simplicité du cœur que vous êtes aimable !
Comme avec vous la vie est un flot navigable,
Et comme, sans écueil et sans naufrage au bord,
Son courant doucement vous entraîne à la mort !
Tout ce que vous touchez, tel qu'aux mains du génie,
Se pare et se revêt d'une grâce infinie,
Car vous êtes, vraiment, de l'essence du beau
Et comme un saint reflet des splendeurs du Très-Haut !
Lumière d'innocence, ô perle de sagesse,
Préférable à l'éclat de la vaine richesse,
Que j'envie ardemment votre heureux possesseur !
Mais que je plains aussi, que je plains de tout cœur,
Celui qui, vous ayant une fois obtenue,
Pour ne plus vous ravoir, hélas ! vous a perdue ! »

DEVANT UN PORTRAIT DE CALVIN

Homme aux traits anguleux et pleins de dureté,
Comme ton cœur s'est bien sur ton front reflété!
Triste réformateur! En ton œuvre énergique,
La foi n'a pas gardé l'ampleur de sa tunique,
Et ses deux tendres sœurs ont vu mettre en lambeau
Les pans majestueux de leur divin manteau.
Le charmant coloris de l'image céleste
Est tombé sous tes doigts; d'une haleine funeste
Tes lèvres ont terni l'auréole de feu
Qui ceignait brillamment le front du Fils de Dieu;
Tout s'est évanoui, tout jusques à la grâce
Dont l'âme de Marie avait orné sa face.
Hélas! non moins cruel que le tourmenteur juif
Qui frappait les seins nus du sublime captif
Et faisait de son sang ruisseler la colonne,
Ta main a de Jésus mutilé la personne,

Et desséchant son corps en de sombres travaux,
Tu ne nous as laissé du céleste héros,
Pour consoler les cœurs et rafraîchir les âmes,
Qu'un squelette de Dieu sans formes et sans flammes.

LE PORTRAIT D'UNE BRAVE FEMME

Mrs H. BEECHER STOWE

Noble cœur qui voulus ravir l'esclave au maître,
Je bénis le hasard de m'avoir fait connaître
La forme dont la main de Dieu te revêtit :
Quoique altérée un peu par le travail peut-être,
Elle est belle, attirante et conforme à l'esprit
Qui remua si fort le monde et l'attendrit.
L'azur de tes beaux yeux rappelle la lumière
Qui de ta douce Éva remplissait la paupière,
Et ta lèvre de pourpre à la ferme épaisseur
Respire du vieux Tom l'éloquente douceur.

LES TROIS OMBRAGES

Au printemps de la vie, à l'âge des conquêtes,
Il tenta de ravir au laurier des poètes
Un rameau... Quelques brins en vinrent un moment
Lui couronner le front ; puis, on ne sait comment,
Il se fit que bientôt, loin de sa chevelure,
Un vent âpre emporta l'immortelle verdure.
Alors il accourut au jardin de l'amour.
Il y vit un rosier plein de fleurs. Un beau jour
Il en prit une, mais de tranchantes épines
Lui firent payer cher les splendeurs purpurines,
Et pour en savourer le baume ravissant
Il eut le cœur malade et les doigts tout en sang.
Maintenant, il n'a plus d'yeux que pour le feuillage
Du funèbre cyprès, et vers ce triste ombrage
Cheminant sans frayeur, d'un pas ferme et certain,
Il s'en approche avec un plaisir clandestin,
Car il sait qu'à l'abri de la lugubre palme
Les pauvres cœurs déçus sans fin trouvent du calme.

Ah ! Qu'est-ce que la vie au monde d'ici-bas ?
Un drame où le beau rôle appartient au trépas,
Où quand l'on ne meurt point, comme au fort des batailles,
Il vous faut assister à mille funérailles
Et sentir le trépas, audacieux voleur,
Enlever son butin jusque sur votre cœur.
Pourquoi ceux que l'amour par de doux nœuds assemble
Au redoutable appel ne partent-ils ensemble ?
Pourquoi l'un après l'autre abandonner les lieux
Où l'un sans l'autre on est plaintif et malheureux ?
Ainsi le veut le sort !... il faut qu'on s'y résigne
Et, sans chercher le mot de ce décret insigne,
Il faut courber la tête à chaque enlèvement
Et de ses cruautés souffrir cruellement.
Hélas ! le plus affreux après le coup suprême
N'est pas de voir tomber le pauvre être qu'on aime,
Pâlir le front charmant de l'objet adoré
Et d'en être à jamais sur terre séparé,

Mais de penser encor qu'ici-bas tout s'efface,
Que le pied lourd du temps y confond toute trace,
Que même aux plus grands cœurs le souvenir a tort,
Et que rien n'est si vite oublié que la mort.

Mon âme, endurcis-toi, couvre par toute place
Tes membres délicats d'une épaisse cuirasse,
Revêts ton corps de fer et de lames d'airain!
Il te faut traverser de l'habitacle humain
La forêt sombre ; et là, colombe aux blanches ailes,
Être le but marqué de cent flèches cruelles,
De cent traits venimeux... Comme un jeune Romain,
Mon âme, vêts ton corps d'un double et triple airain,
Rends-le fort à l'endroit de la malice humaine !
Car si d'un coin obscur une flèche soudaine
Partant, le transperçait et le couchait à bas,
Comme tu souffrirais, pauvre âme, à voir, hélas !
La cause de sa fin sur la rouge poussière,
Un vil morceau de bois et quelque main grossière.

NECESSITAS

Fille du vieux Destin, Fatalité des choses,
Dur produit de la loi des effets et des causes,
Que faire quand sur nous pèse ton joug d'airain ?
Soit dans la pauvreté, soit dans la maladie,
Soit dans les noirs cachots d'une âpre tyrannie,
Que faire pour briser l'obstacle souverain ?

Tenter par un vouloir incessant et tenace
D'écarter de nos fronts le poids qui les terrasse,
Rompre les fils d'acier embarrassant nos pas,
C'est le devoir humain ; mais si le mal l'emporte,
Si du sombre réseau la maille est par trop forte
Et résiste aux efforts et du cœur et des bras ;

Alors, abandonnons notre corps périssable
Aux coups victorieux de la force indomptable,

Et rentrons dans ce moi qui ne mourra jamais;
Et, comme Prométhée au rocher de souffrance,
Conservons-y l'espoir du jour de délivrance,
Du libre essor de l'âme en l'éternelle paix.

NOTES

D'UN VOYAGE EN SUISSE

LA BATELIÈRE DE BRIENZ

Nous glissions sur le lac, mollement, en silence,
Aux chocs lents de sa rame abaissée en cadence.
Devant elle placé sur un banc, je voyais
Les ondes refléter la grâce de ses traits,
Et dans le mouvement de son corps en haleine
Son image parfois se mêlait à la mienne.

MEYRINGEN

Le soleil inondait le couchant de ses flammes,
Lorsque dans Meyringen, sac au dos, nous entrâmes.
Sur la route, au devant des premières maisons,
Bras dessus, bras dessous, des groupes de fillettes
En corps de velours noir et blanches chemisettes
Respiraient l'air du soir en chantant des chansons.
C'était un doux concert de notes argentines
Qui pleuvaient sur nos fronts comme des perles fines,
Et l'on eût dit un chœur d'oiselets gracieux
Qui faisaient au soleil s'éteignant leurs adieux.
Avant d'avoir pris gîte au foyer du village
Nous étions délassés par ce divin ramage.

VISITE AUX CHARMETTES

La maison est petite et domine un sentier
Qu'ombragent fraîchement les feuilles du noyer.
On y vient à travers les exhalaisons douces
De mille fleurs croissant sur les touffes de mousses
Qui tapissent ses bords... C'est un vrai nid d'oiseau.
Et dire que c'est là que tout jeune, Rousseau
Trouva près d'un cœur tendre un ravissant asile,
Là que dans la nature et l'étude, tranquille,
Il se fit peu à peu ce qu'il est devenu !
Ah ! pourquoi de ce temps s'est-il mal souvenu !

EN VUE D'UNE ÉGLISE DE SAVOIE

Je vois du haut d'un mont, au bas d'une colline,
Un village charmant fait de blanches maisons ;
Au milieu, saintement, un clocher les domine
Comme un berger debout qui garde ses moutons.

GENÈVE

La ville de Calvin n'est pas sans agrément ;
J'aime ses ponts de bois où le Rhône écumant
S'engouffre, ses maisons où, comme des aigrettes,
Luisent les fers polis de mille girouettes ;
J'aime son pavé gras, ses quartiers montueux,
Ses femmes à l'air doux, au teint frais, aux yeux bleus,
Ses légers chars-à-banc qui partout s'embarrassent,
Le cri des postillons des berlines qui passent,
Puis sa haute terrasse où jusques à la nuit,
A l'ombre des tilleuls, on peut rêver sans bruit
Et voir le pur Léman dormir dans sa ceinture
De villes et de monts, de neige et de verdure.

A LA FRONTIÈRE DE FRANCE

Adieu, Suisse, adieu donc, pays de liberté
Où la grande nature a l'allure si fière
Que l'art humain avec sa force régulière
    N'en pourra pas altérer la beauté !
Adieu ! De l'air si pur de tes hautes montagnes
Et du calme divin de tes fraîches campagnes
Je garderai toujours un charmant souvenir.
Oui, je ne cesserai jamais de te bénir,
Car en tes champs heureux j'aurai puisé pour l'âme
Un plus ferme désir de juste égalité,
Et pour mon jeune corps appauvri dans sa flamme
    Un regain de bonne santé.

DERNIÈRES FLEURS

1860-1880

COENIS

Dans les bois ténébreux de l'infernal empire
Cœnis traîne à pas lents le poids de sa douleur ;
Elle passe, revient, et jamais un sourire
De son front abattu n'anime la pâleur.

Vivante, elle eut l'amour du Roi des eaux marines,
Puis trahie, elle obtint de son divin amant
La faveur d'échanger ses grâces féminines
Contre un sexe moins doux et plus fort au tourment.

Jeune homme elle devint, mais hélas ! son cœur tendre
N'en fut pas plus heureux ; il battit de nouveau
Pour une belle enfant qui ne sut pas l'entendre,
Adorant elle-même un autre jouvenceau.

Cœnis au désespoir abhorra la lumière,
Et résolut de fuir dans la nuit du trépas ;
Et ce fut sous les traits de sa forme première
Que Cœnis descendit aux lieux sombres et bas.

Là, le cœur abreuvé d'amertume profonde,
Elle erre isolément et ne fait que gémir,
Maudissant le destin qui ne la mit au monde
Que pour toujours aimer et pour toujours souffrir.

Elle évite toute ombre, et, lorsqu'on la contemple,
Son regard semble dire aux gens du noir séjour :
« Laissez en paix Cœnis, le plus complet exemple
Des effroyables jeux du tout puissant amour. »

Inspiré de Virgile 1869.

SUR UN LIÈVRE BLESSÉ

Homme, maudite soit ton adresse sauvage,
Puisses-tu perdre l'œil qui servit ta fureur !
Que jamais la pitié d'un soupir te soulage
Et que plaisir jamais n'esjouisse ton cœur !

Va, triste vagabond des grands bois et des plaines,
Vivre le peu de vie encore t'animant ;
Les buissons plus épais, les champs riches de graines
Ne te donneront plus abri, joie, aliment.

Pauvre mutilé, cherche une sûre retraite,
Non plus pour ton repos, mais pour ton lit de mort ;
De hauts joncs bruissant au-dessus de ta tête,
Un sol frais pour tes reins d'où le sang à flot sort.

Souvent, quand près du Nith, sinueuse rivière,
J'attendrai le soir calme ou saluerai joyeux
L'aube, tes doux ébats manquant à la clairière,
Je verserai des pleurs sur ton sort malheureux.

Traduit de Robert Burns.

CHANT DU VOYAGEUR

Toi qui soulages toute peine
Et rends les fronts moins soucieux,
Toi qui résides dans les cieux
Descends vers moi, paix souveraine !

Depuis longtemps sur cette terre
Je marche et je me sens bien las ;
Pour m'aider à finir mes pas
Viens dans mon cœur, paix salutaire !

Viens, à ton souffle le courage
Ranimera mon âme un peu ;
Le pied plus sûr et l'œil vers Dieu,
J'achèverai le dur voyage.

Imité de Gœthe.

L'ADORANT

Qu'il est beau cet éphèbe au corps droit, élancé,
Dans le fervent maintien de la sainte prière !
Qu'il est beau de le voir, l'œil au ciel, bras haussé,
Du grand Être implorer la faveur tutélaire !

Il semble que la main du pieux statuaire
Qui traduisit des cœurs le recours empressé,
Ait voulu contenir la race humaine entière
Dans ce marbre charmant que son art a laissé.

Ah ! quel que soit le monde, et pour l'âme sensible
Le mystère du mal constant, indestructible,
Adorons l'Éternel et soyons-lui soumis !

Espérons que suivant le mot d'un sage austère,
A force de prier et dire : « Notre père ! »
Le Créateur un jour nous répondra : « Mes fils ! »

TO ΚΑΛΟΝ

O Syrène de l'âme, ô grâce, ô majesté
Qui domines le monde et sur tes pas entraînes
Tous les êtres roulant des flammes en leurs veines,
A tes amants combien tu coûtes, ô Beauté !

Que tu sois pur esprit, blanche divinité
Venant du clair azur des éternelles plaines,
Ou bloc de chair sensible aux formes souveraines
Et qu'en son meilleur jour la nature ait sculpté ;

Ève ou Muse, n'importe ! Il faut par des supplices
Acheter le sublime éclair de tes délices
Et payer cher l'extase où nos cœurs sont noyés.

Cruelle idole, il faut vivre pour toi sur terre,
Dans les pleurs, le mépris, la haine, la misère,
Et même de son sang parfois rougir tes piés.

TO ΑΓΑΘΟΝ.

Être presque toujours vaincu par le méchant
Et délaissé des siens dans la lutte du monde ;
Voir la foule adorer le crime triomphant,
Et servir de jouet à sa bêtise immonde ;

Et, cependant, toujours verser l'urne féconde
De ses tendres ardeurs sur ce monde écœurant,
Et par le sacrifice et la douleur profonde
Aller toujours plus haut et toujours s'épurant :

Tel est l'homme de bien. Dans l'humaine existence
Il passe sans souci d'aucune récompense,
N'attendant que du ciel amour, justice et don ;

Et même là dût-il ne trouver que le vide,
Il s'y ferait encore un paradis splendide
Rien que du souvenir de sa noble action.

CONTEMPTIO

Mépris, noble manteau que revêt l'homme honnête
En voyant le pervers étaler son bonheur ;
Hélas ! plus que jamais, devant le mal en fête,
On voudrait dans tes plis ensevelir son cœur.

Sous ton abri que fait la fange où, haut la tête,
Patauge avec ses croix l'argentier corrupteur,
Où vivent à grands frais l'infâme proxénète,
L'effronté renégat et le vil délateur ?

Que fait le sifflement de ces mille vipères
Qui, le ventre gonflé d'envieuses colères,
Grouillent insolemment sur tout brillant chemin ?

La fange reste en bas, les clameurs de la haine
Passent comme un zéphir que la main sent à peine,
Et calme, l'œil au ciel, on marche au but divin.

DÉSACCORD

Quand sur les ailes du Zéphire
Autrefois venait le printemps,
Mon cœur, comme la fleur des champs,
S'ouvrait à son divin sourire.

Le ciel bleu, les eaux, la verdure,
Faisaient le bonheur de mes yeux;
Je saluais de cris joyeux
Le doux réveil de la nature.

Or, maintenant, lorsqu'il arrive,
Je ne l'accueille plus ainsi;
J'en ressens presque du souci,
Sa splendeur me semble trop vive.

Pourquoi ? c'est que mon front grisonne;
J'ai passé l'âge d'être heureux.
Ce qu'à présent j'aime le mieux
Ce sont les pâleurs de l'automne.

HÉSITATION

Amour, on nous l'a dit, est un recommenceur...
Sous de nouveaux regards aux douceurs souveraines
Le cœur peut retrouver plus d'un jour de bonheur,
  Peut-être aussi des jours de peines.

Faut-il se rengager ? Quand déjà l'on connaît
Combien se payent cher tant de faveurs divines,
Faut-il de deux beaux yeux repoursuivre l'attrait ?
  La fleur vaut-elle les épines ?

PARTI-PRIS

Hélas! hélas! la vie est un triste voyage
Où le temps, dur cocher, vous mène lestement,
Où bien peu l'on s'arrête et, quand le cœur s'engage,
On voit le sort briser les liens d'un moment.

Fermons donc notre oreille aux paroles charmantes,
Nos yeux aux doux regards qui viennent les chercher,
Notre âme et notre cœur aux grâces enivrantes
D'un esprit ingénu qui sait plaire et toucher.

Comme le nautonnier sur la vague plaintive,
Doucement, sans arrêt, descendons vers le port ;
Admirons en passant les beautés de la rive,
Mais ne répondons plus aux douces voix du bord.

A BEETHOVEN

Michel Ange du son, Titan de l'harmonie,
J'aime ton caractère autant que ton génie.
Le sort, en te faisant un magnifique don,
Eut pour toi, cependant, une atroce ironie ;
A tes propres accents il te ferma l'ouïe
Et mit dans tes amours la lâche trahison.

Puis il fit au plus haut de ta belle carrière
Apparaître l'Envie, éternelle vipère,
Qui, tel qu'à tout vaillant, te mordit au talon.
Au milieu des humains tu vécus solitaire,
Mais tu ne cessas point de les charmer en frère,
Car, malgré tes grands maux, tu restas toujours bon.

Ah ! quel enseignement ta noble vie exprime,
Et comme elle contient le sens du magnanime !
Elle dit à chacun des enfants d'Apollon :
« Sois du sort, s'il le faut, la touchante victime,
Mais toujours blanc et doux comme un cygne sublime,
Meurs en chantant sans fiel ta sainte passion. »

LES REGRETS DU LUTTEUR

O Force, si toujours je désire t'avoir,
C'est bien moins pour plonger nuit et jour dans l'ivresse
Que pour armer mon poing d'une arme vengeresse
Et frapper le mauvais, esprit faux ou cœur noir !

Mais l'athlète est à bas, faible et hors de service ;
Les ans ont détendu ses muscles vigoureux,
Et ses lèvres n'ont plus que de stériles vœux,
Lorsqu'il faudrait combattre encor pour la justice.

A d'autres donc la lice et le ceste mortel !
A d'autres les grands coups de la force implacable !
Il ne peut plus devant le fortuné coupable
Que protester du cœur en regardant le ciel.

O ciel, ne laisse pas ta colère muette
Devant l'énormité des crimes odieux !
Frappe ! afin que jamais ce cri ne se répète :
« Le bonheur des méchants est un crime des Dieux ! »

LES BRUMES

Nuages partout, nuages dans l'espace,
Nuages au front... sur la terre ainsi passe
      Notre humanité.
Toujours du brouillard sur les yeux et dans l'âme,
Toujours quelque voile obscurcissant ta flamme
      O divinité !

Jamais de héros bien pur, sans tache aucune,
Jamais de jeu franc dans l'humaine fortune,
      De constant bonheur.
Même dans l'amour, au comble de l'ivresse,
Toujours de l'angoisse et la plainte traîtresse
      S'échappant du cœur.

Couvrez donc les cieux, vapeurs et masses d'ombres,
Noircissez-les bien de vos colonnes sombres !
      Je sais trop souvent,
Pauvres Ixions, que nos ardeurs sont vaines
Et qu'au but touché, las ! nos mains ne sont pleines
      Que d'onde et de vent.

Courez dans les cieux, brumes, brouillards, nuages,
Portez-y la nuit, le trouble, les orages,
   Il m'importe peu !
Je suis résigné... certain que notre terre
Ne verra jamais la parfaite lumière
   Et l'éternel bleu.

AUX MORTS CHÉRIS

Si pour revoir les âmes mortes
La pensée ici bas est notre seul chemin,
Nul être, du passé s'ouvrant les grandes portes,
Autant que moi n'en a foulé le noir terrain.

Presque tous les jours de ma vie,
Pauvres êtres perdus, devant mes sombres yeux
Le puissant souvenir avec mélancolie
Vous ramène pensifs, ou tristes, ou joyeux.

Mais lorsque votre image chère
Reparaît, un remords me traverse le cœur,
Et je dis : « Ai-je fait tout ce qu'il fallait faire,
Amis, pour vous donner sur terre le bonheur ? »

ACTE DE RECONNAISSANCE

Grâce à l'amour du beau qui me guide et m'éclaire,
De tout ce qu'ont fait l'homme et nature sa mère
   D'admirable sur terre
J'ai compris la valeur, et ce don merveilleux
M'a procuré des jours vraiment délicieux.

Sans le beau, les malheurs dont l'âme est poursuivie,
Les deuils, les abandons, l'injustice, l'envie
   Auraient flétri ma vie ;
Et lassé, dégoûté des choses d'ici bas,
J'aurais tourné bientôt mes yeux vers le trépas.

Mais lui, comme un soleil dont la flamme ranime
Et donne à tout objet, même le plus infime,
   Une couleur sublime,
Il m'a doré le monde et toujours sa splendeur
Au désir d'exister m'a ramené le cœur.

Héros du dévouement, artistes et poètes,
Toujours vos actes saints et vos œuvres parfaites
    Furent pour moi des fêtes ;
Aussi d'un tel bonheur à vous los éternel !
Le beau m'a consolé des peines du réel.

O vieillesse, il est dur d'entrer en ta saison,
Saison d'obscurs brouillards, de glace, de faiblesse,
Où l'âme en grelotant voit sa pauvre maison
    Se démolir pièce par pièce.

Il est dur de sentir le feu de son cerveau
Devenir chaque jour moins riche d'étincelles,
Et de voir sa pensée, autrefois vif oiseau,
    Manquer de souffle et manquer d'ailes.

Cependant le plus dur en cet affaissement
N'est point d'avoir la neige au front, le dos en voûte,
C'est de perdre à jamais ce qu'on trouve d'aimant
    Et d'adorable sur sa route;

C'est de demeurer seul sous un ciel sombre et bas,
Seul avec les corbeaux en place de colombes,
Et si l'on peut encore allonger quelques pas
 De ne marcher que sur des tombes.

THAT IS THE QUESTION.

O mort! dure minute, effrayante seconde,
Où l'homme est si changé qu'on ne le connaît plus,
Où la chose sans nom qu'il laisse dans le monde
N'est plus qu'un vain objet de regrets superflus.

O mort! qui donc es-tu? Les poètes, les sages,
Tous les hommes divins qui percent l'avenir,
Depuis que le jour luit sur les terrestres plages
Ont usé leur cervelle à te bien définir.

Les uns superbement ont dit : « C'est la rupture
De l'adultère hymen des âmes et des corps,
C'est le dégagement de la substance pure
Qui reprend vers le ciel de sublimes essors. »

Les autres : « *Ce n'est rien qu'une métamorphose,*
Des atômes divers un autre arrangement. »
Puis d'autres : « *C'est la fin complète de la chose,*
La chute de tout l'être au gouffre du néant. »

Et tous ont différé dans cette sombre affaire,
Tous, comme gens perdus au milieu des brouillards,
N'ont vu dans le trépas que leur propre chimère,
Et son réel aspect a trompé leurs regards.

Ah! pourquoi Christ lui-même, en instruisant le monde,
N'a-t-il pas plus au clair tiré ce grand sujet?
Et pourquoi son Lazare est-il resté muet
Quand il le fit sortir de la fosse profonde?

La mort! c'est l'inconnu, l'éternel inconnu :
Aussi lorsque je songe à sonder cet abîme,
Un trouble involontaire, une torpeur infime,
S'emparent de mon cœur, me font irrésolu.

Et pourtant il faudra, croyant ou dans le doute,
Franchir le sombre seuil d'où nul pied n'est sorti,
Lever le noir rideau que tout regard redoute
Et derrière lequel nul cri n'a retenti.

O grand Dieu! quels seront après l'instant terrible
L'avenir de mon être et sa condition?
Je ne sais, mais du corps si l'essence invisible
S'évapore avec lui, béni soit ton saint nom!

Mais si l'ardent moteur de ma masse de terre,
Le feu qui l'anima, le moi, le pâle moi,
Tout à coup, pur esprit dégagé de matière,
Comme un glaive sans gaîne apparaît devant toi;

Et si, traînant alors sous ta main destructive
Des actes d'ici-bas le souvenir fatal,
Ainsi que l'arc-en-ciel vêtu de couleur vive,
Il garde les reflets et du bien et du mal;

O juge-le, grand Dieu! toi son père et son maître
Comme un être imparfait dont tu fis les défauts,
Que tu mis dans des lieux remplis d'ombre et de maux,
Et qui n'a jamais dit : « Ici-bas, fais-moi naître! »

NOVISSIMA VERBA

A force de rimer j'ai vu tarir ma veine ;
A trop aimer mon cœur s'est brisé dans la peine.
Privé de sang au cœur et de force au cerveau,
A quoi l'homme est-il bon ? a descendre au tombeau.

Le tombeau, qu'est-ce donc ? un calme et sombre lieu
Où s'use lentement notre chair froide et morte.
Et la mort, quelle est-elle ? ah ! sans doute la porte
Par où l'âme s'échappe et s'envole vers Dieu.

A mesure qu'on marche au terme trop certain
Où viennent aboutir les choses de la vie,
Que le monde paraît triste à l'âme allanguie,
Et que tout semble court, petit, fragile et vain !

Dans la vie embarqués bien malgré nous, hélas !
Il nous faut accomplir jusqu'au bout le voyage ;
Mais, lassés des écueils, des vents et de l'orage,
Qui d'entre nous voudrait revenir sur ses pas ?

N'IMPORTE!...

Pour peu qu'on ait foulé le terrain de la vie,
On est frappé bientôt de cette vérité,
C'est que dans tout bonheur, objet de notre envie,
Il n'est rien qu'amertume et rien qu'anxiété.

Si l'art fait à vos yeux resplendir sa couronne
Et vous pousse le pied sur de brillants chemins,
La haine aux cris méchants votre gloire empoisonne,
Vous met du fiel au cœur, parfois du sang aux mains.

Si la liberté sainte en vos goûts le remplace,
Pour elle votre amour est mal récompensé ·
La licence vous donne un tyran qui la chasse,
Et vous pleurez longtemps son fantôme éclipsé.

Si, dégoûté de gloire et de liberté même,
Au sein d'une famille on cherche le bonheur,
La mort prend les doux fruits de votre amour extrême,
Et sous ses pieds osseux les broie avec fureur.

Enfin, il n'est que toi, divinité voilée,
Qui ne sois point trompeuse en ce monde fatal !
Encore est-ce un vrai bien que cette paix troublée
Et sombre comme celle où frissonnait Pascal ?

N'importe !... Il faut à l'art accorder sa tendresse,
Car c'est le manteau d'or, le voile de beauté
Qu'en des jours de soleil le souffle divin laisse
Tomber sur les laideurs de la réalité.

Il faut aimer aussi, malgré ses saturnales,
La liberté. — Sans elle, hélas ! le genre humain,
Descendant vite au rang des races animales,
Dans la fange oublierait son but et son chemin.

Il faut sortir de soi, vivre pour un autre être,
Dût l'ongle de la mort vous déchirer le cœur.
N'aimer point, c'est vivant au sépulcre se mettre,
Et le néant est pis cent fois que la douleur.

Enfin, il faut en Dieu croire comme en un père,
Et, bien qu'il se dérobe à nos terrestres yeux,
Il faut l'estimer bon puisqu'il est la lumière,
Et cheminer sans crainte et sans douter des cieux.

TABLE

                                        Pages.

HYMNE A LA SINCÉRITÉ 3

LES MASQUES

Au Lecteur	9
Cadet Machiavel	11
Turcaret	13
Laubardemont	15
Papa Bentham	17
Gabrion	19
Pleurs de Langéli	21
Un cri de pessimiste	23
Dufatras	25
Maître Pancrace	27
Le Seigneur Sacripant	29
Diafoirus	31
Gorgias	33

	Pages.
Pichrocola	35
Le dernier âge	37

LE LIVRE DES SILLES

Aux bénisseurs	41
Apologue	43
On demandait jadis à Socrate	44
Quel malheur aujourd'hui	45
Passez quelque douze ans	46
Poètes, nous n'avons hallebardes	47
Qui voudrait de la gloire	48
O rose de l'amour !	49
Caton voyait un jour	50
Sycophantia	51
Comment vouloir en bas	54
Est-ce amour du pays	55
Au chantre d'Éloa	56
A tous n'est pas donné	57
Dans les temps affaissés	58
Le coup de hache	60
Gœthe l'a dit jadis	62
On donne de l'illustre	63
Dans la presse je suis entré	64
Cette fabrique à jet constant	65
Les partis ne sont pas	67
28 Décembre 1875	69
Paix aux tombeaux !	70
Dans les jours malheureux	72

	Pages.
Les vrais coupables	73
Jeux du cirque	74
Les eaux du Léthé	75
La mamelle se meurt	80
Quand l'on croyait	82
Un mot de philosophe	83
Un jour de printemps	84
Aujourd'hui que l'on voit	85
Sur certaines apothéoses	86
En place de ces mots	87
Vaine publicité !	89
Apologue	91
O Racine, Boileau	93
Les Védas indiens	94
Aux soi-disant républicains de 1880	96
A des insulteurs catholiques d'Henri IV	98
Je me souviens d'avoir vu	99
Rousseau disait un jour	101
A Londre, un jour, causant	103
De la défaite, hélas !	105
Des hommes de parti	106
Déesse des cœurs faux	107
Qu'on critique ma Muse	109
Céleste Probité	110

LE POÈME DES ANGOISSES

Hymne au Carnage	115
L'Homme de Sedan	119

	Pages.
Les Fils des Huns.	120
Aux Allemands.	122
Macte animo.	124
L'Investissement	127
Les Plagiaires de 93	129
A deux Victimes du combat de Buzenval — Henri Regnault, peintre.	132
— Gustave Lambert, navigateur.	134
Bombardement de nuit.	135
Le Drame de Parmain.	136
Vaincus !	139
Chute de la Colonne	141
24 Mai.	143
Épilogue	146

FRAGMENTS

Première rencontre de Laure et de Pétrarque.	149
Les Limbes	151
Les cœurs de femme.	153
En elle j'aime tout.	154
Sous les traits féminins.	155
Le plus mauvais Calice.	156
Morosités	157
Mécompte.	159
Quand le Christ en mourant	161
Sancta simplicitas.	162
Devant un portrait de Calvin	164
Le portrait d'une brave femme.	166
Les trois ombrages	167

	Pages.
Ah ! Qu'est-ce que la vie	168
Mon âme, endurcis-toi	170
Necessitas.	171

NOTES D'UN VOYAGE EN SUISSE

La Batelière de Brienz	173
Meyringen.	174
Visite aux Charmettes	175
En vue d'une église de Savoie	176
Genève.	177
A la frontière de France	178

DERNIÈRES FLEURS

Cœnis	181
Sur un lièvre blessé	183
Chant du Voyageur	185
L'Adorant	186
Τὸ καλόν	187
Τὸ αγαθον	188
Contemptio	189
Désaccord.	190
Hésitation.	191
Parti pris	192
A Beethoven.	193
Les Regrets du Lutteur.	194
Les Brumes	195
Aux Morts chéris	197

TABLE DES MATIÈRES.

	Pages.
Acte de reconnaissance.	198
O vieillesse, il est dur	200
That is the question.	202
Novissima verba	206
N'importe !.	207

FIN DE LA TABLE

PARIS. — IMPRIMERIE ALPHONSE LEMERRE

POÈTES CONTEMPORAINS

Volumes in-18 jésus, imprimés en caractères antiques sur beau papier vélin. Chaque volume, 3 francs.

Émile Deschamps	*Poésies complètes.*	1 vol.
Em. des Essarts.	*Les Élévations.*	1 vol.
Léon Dierx	*Les Lèvres closes.*	1 vol.
—	*Poésies complètes.*	1 vol.
—	*Les Amants.*	1 vol.
Charles Diguet.	*Refrains des belles années.*	1 vol.
Dodillon.	*Les Écolières.*	1 vol.
—	*La Chanson d'hier.*	1 vol.
Auguste Dorchain	*La Jeunesse pensive.*	1 vol.
Jules Ferrand.	*Rimes à temps perdu.*	1 vol.
Élie Fourès.	*Ondeline.*	1 vol.
Anatole France.	*Les Poèmes dorés.*	1 vol.
—	*Les Noces corinthiennes.*	1 vol.
Charles Frémine.	*Floréal*	1 vol.
—	*Vieux Airs et jeunes Chansons.*	1 vol.
Théodore Froment.	*Rêves et Devoirs.*	1 vol.
Gaston Garrisson	*Le Pays des Chênes*	1 vol.
P. Ernest Gauthier	*Libres et pures.*	1 vol.
J. Gayda.	*L'Éternel féminin.*	1 vol.
Aimé Giron	*Les Cordes de fer*	1 vol.
Glaser.	*Nuits sans étoiles* (texte allemand et traduction).	1 vol.
Albert Glatigny	*Gilles et Pasquins.*	1 vol.
Eugène Godin.	*La Cité noire*	1 vol.
Léon Grandet.	*Gul.*	1 vol.
—	*Jeannette*	1 vol.
—	*L'Enragé.*	1 vol.
Grandmougin	*Les Siestes.*	1 vol.
Édouard Grenier.	*Amicis*	1 vol.
—	*Petits Poèmes*	1 vol.
Grimaud.	*Petits Drames vendéens.*	1 vol.
—	*Fleurs de Bretagne.*	1 vol.
Ernest d'Hervilly.	*Le Harem.*	1 vol.
Clovis Hugues	*Les Soirs de bataille.*	1 vol.
Louise d'Isole.	*Après l'Amour*	1 vol.
—	*Passion*	1 vol.
I. R. G.	*La Volière ouverte.*	1 vol.
Charles Joliet	*Les Athéniennes.*	1 vol.
Auguste Lacaussade	*Poésies.*	1 vol.
Georges Lafenestre	*Espérances.*	1 vol.